04. YOLO PROJECT

LON-
DON

두근두근 런던

21세기북스

CONTENTS

004 PROLOGUE

006 PERSONAL DATA

007 PURPOSE OF TRAVEL

008 INTRO : All about LONDON _ 런던 정복!
- 010　LONDON MAP
- 012　All about LONDON

022 INFO : 런던, 완전정복! 꼭 알아야 할 BEST 6
- 024　1 _ 입국심사, 겁먹지 말고 당당하게!
- 026　2 _ 런던 공항에서 숙소까지
- 028　3 _ 런던 지하철 완전정복
- 030　4 _ 런던 버스 완전정복
- 031　5 _ 유럽 대륙 여행을 위한 교통편 완전정복
- 032　6 _ 면세점 똑똑하게 이용하는 방법

036 TRAVEL PACKING LIST

037 CHECK LIST

PERSONAL DATA

NAME MALE ☐ FEMALE ☐

NATIONALITY

PASSPORT NO.

E-MAIL

MOBILE PHONE

ADDRESS

PROLOGUE

"오늘 가야 해요.
하지만 당신이 날 받아주고 좋아해준다면,
떠나지 않겠어요."
- <노팅힐> 중

"난 당신 모습 그대로를 사랑해."
- <브리짓 존스의 일기> 중

평범한 수요일 아침 세계적인 톱스타와 만나 사랑을 시작할 수도 있고,
행복 바이러스를 퍼트리며 거리를 걷는
브리짓을 만나 사랑을 나눌 수 있는 곳.
상상도 하지 못했던 사랑이 시작되는 곳이 런던이다.

그래서 런던은 많은 여행자들의 로망인 도시이다.
여행을 떠나는 우리 모두는 여행지에서의 강렬한 로맨스를
마음 한구석에 바라고 있을 테니.
함께 우산을 쓰고 템스 강가를 걷고,
런던아이에 올라 키스를 나누고,
타워브리지에서 런던의 야경을 바라보는 것까지.
사랑의 시작과 이보다 더 잘 어울리는 일이 있을까.

만약 당신이 런던을 여행하는 중에 누군가 이렇게 묻는다면,
망설임 없이 "예-스"라고 답하자.
여행지에서의 사랑은 이미 시작되었을 테니까.

"당신에게 작별 키스하는 걸 깜박했어요. 해도 되겠어요?"

038 **PART 1 : 유럽 미술의 보고, 런던 미술관 탐방**
040 ESSAY _ 미술관 투어만으로 2박 3일

048 **PART 2 : 어머, 이건 꼭 봐야 해!**
050 ESSAY _ 눈을 사로잡는 뮤지컬의 천국, 런던

054 **PART 3 : 도시 전체가 문화 갤러리인 런던을 걸어보자**
056 ESSAY _ 런던을 완성하는 거리의 명소들

064 **PART 4 : 런던 음식이 맛없다는 편견을 버려라**
066 ESSAY _ 런던에서 즐기는 먹방

072 **PART 5 : 런던에서 쇼핑, 어디까지 해봤니?**
074 ESSAY _ 런던 쇼핑의 포인트, 스트리트!

080 **PART 6 : 런던의 비밀스런 밤 나들이**
082 ESSAY _ 야경부터 클럽까지! 런더너들의 핫 라이프 체험

부록
184 호텔 용어
여행자를 위한 영어회화 _ 호텔편
185 런던의 축제
186 CONTACT LIST
187 COUPON

PURPOSE OF TRAVEL
여행을 통해 얻고 싶은 목표들을 메모해보세요

INTRO
런던 정복!

All about

LONDON MAP

MY SCHEDULE

DATE	PLACE

All about LONDON

● 런던은 세계적인 대도시 중 한 곳이다. 뉴욕, 도쿄, 상하이 등과 어깨를 나란히 하며 세계의 경제와 문화를 이끌어 나가는 도시이다. 런던을 수식하는 말은 여기서 끝이 아니다. 잉글랜드 템스강 인근에 자리 잡고 있는 런던은 영국의 정치, 경제, 문화, 교통의 중심지이며 영국 연방의 중심 도시이기도 하다.

이만큼 다양한 설명과 수식어를 가진 도시 런던이 성장하기 시작한 것은 빅토리아 시대이다. 빅토리아 시대 이전과 이후의 변화를 구분하는 기준은 도시의 경관과 통치 기구에 있다. 현재 런던 경관을 완성한 대부분의 건축물이 바로 빅토리아 시대에 만들어졌다. 국회의사당, 대영박물관, 트래펄가 광장 등 19세기 화려하고 장엄한 건축물들이 대도시 런던의 경관을 완성했다. 두 번째, 1829년 최초의 통치 조직인 런던 경시청을 시작으로 수도 위생위원회 등이 생겨나며 분열되었던 런던을 하나로 통합하기 시작했다. 이를 바탕으로 빈곤, 비위생적 환경 등 런던이 가지고 있던 부정적 요소들이 하나씩 제거되며 오늘날의 세계 도시가 만들어졌다. 여기에 산업화와 함께 국제 무역이 증가하면서 런던은 유럽에서도 강력한 도시로 자리 잡았다.

    이후 유럽 속 또 다른 유럽이라는 이야기를 들으며 높은 자부심을 가진 도시로 성장한 런던, 최근 EU 탈퇴를 결정했지만 그 이전부터 런던에서는 유로가 아닌 파운드를 사용했고, 유레일패스를 사용할 수 없었다. 유럽에 속해있지만, 유럽인 듯 유럽 아닌 느낌이었다. 그만큼 런던에는 유럽 전체가 축소된 듯하면서도 영국만의 문화와 전통이 강하게 남아있다. 때문에 많은 여행자들이 런던을 유럽 여행의 첫 관문으로 여겼을 정도, 결과적으로 런던은 매력을 가늠할 수 없는 도시이다. 수많은 미술관과 박물관에서는 유럽 문화 예술의 발전과정을 한눈에 볼 수 있다. 뮤지컬 공연은 세계 공연의 시작이자 끝이다. 곳곳에 자리 잡은 건축물과 성당, 공원, 크고 작은 상점, 시장들까지 런던 곳곳에는 여행자의 눈길과 발길을 사로잡는 공간이 가득하다. 런던을 여행한 이들이 몇 번이고 다시 이곳을 찾게 되는 이유가 바로 여기에 있다.

    다만 런던 여행을 계획할 때 하나 주의할 것이 기후이다. 런던은 온화한 해양성 기후로, 여름에도 크게 덥지 않고 겨울에도 크게 춥지 않다. 물론 런던 날씨는 자주 비가 오고 매우 변덕스럽지만, 기온이 영하 10도 이하로 내려가거나 영상 32도 이상 올라가는 경우는 거의 없다. 여행을 하기에 가장 적절한 시기는 날이 맑고 크게 덥지 않은 6-8월이다. 겨울 시즌에는 바람이 불어 체감온도가 낮고, 여름에도 다른 나라보다 춥다고 느낄 수 있으니 긴 옷을 꼭 챙기자. 우산도 잊으면 안 된다.

1

런던 명소가 모두 모여있는

웨스트민스터 지역
Westminster

웨스트민스터 지역에는 런던을 떠올리면 자연스럽게 연상되는 명소, 건물들이 모두 모여있다. 가장 대표적인 것이 웨스트민스터 사원. 유네스코 지정 세계 문화유산이자 영국 왕실의 역사를 고스란히 간직한 사원이기에 런던 여행 일정에서 빼놓으면 아쉽다. 그 옆으로 웨스트민스터 궁전과 빅벤, 국회의사당이 있다. 조금 걸으면 버킹엄 궁전을 만날 수 있고, 템스강을 배경으로 높게 솟아있는 런던아이를 바라보기에도 제격이다.

POINT

1
팔리아멘트 스퀘어
(Parliament Square)

팔리아멘트 스퀘어는 웨스트민스터 궁전과 사원 사이에 있는 작은 광장이다. 처칠 동상이 서 있는 곳이며, 바로 앞에서 빅벤을 바라볼 수 있는 곳이기도 하다. 이곳에서는 웨스드민스터 지역의 내표석인 건축물과 명소들을 설명하는 안내판을 확인할 수 있는데, 우리가 알고 있는 안내판의 모습이 아니다. 청동에 글자와 이미지를 하나씩 새겨 만든 안내판이 런던만의 느낌을 물씬 느끼게 해준다. 더불어 웨스트민스터 지역의 볼거리를 한눈에 정리할 수 있어 도움이 된다.

2
다우닝가 10번지
(10 Downing Street)

웨스트민스터 사원을 등지고 돌면 런던의 중요 공공기관이나 주요 공관들이 이어져 있는 거리를 만나게 된다. 이곳이 다우닝가 10번지. 많은 영화에서 등장했던 영국 총리 공관이 있는 거리이기도 하다. 크게 무언가 하지 않고 느긋하게 걷기만 해도 만족스럽다. 운이 좋은 날에는 말을 타고 행진하는 호스 가드들을 만날 수도 있다. 이 길에 이어 버킹엄 궁전으로 향하는 길이자 런던 근위병 교대식이 이뤄지는 더 몰까지 걸어보는 것도 런던의 정취를 느끼기에는 제격이다.

2

빅토리아 여왕의 러브 스토리가 남아있는 곳

켄싱턴 지역
Kensington

사우스 켄싱턴 역을 중심으로 시작되는 켄싱턴은 빅토리아 여왕과 관련된 장소가 많아, 왕실의 사랑 이야기를 확인할 수 있는 지역이다. 빅토리아 여왕의 흔적을 찾아보면 남편인 앨버트 공을 기리기 위한 앨버트 기념비, 아델이 공연한 곳으로 유명한 앨버트 홀, 빅토리아&앨버트 박물관 등이 있다.

더불어 켄싱턴 지역은 조용하고 여유로운 시민들의 휴식 공간이 있는 곳이기도 하다. 그중에서도 켄싱턴 가든과 하이드 파크는 지나치면 아쉬울 정도. 켄싱턴 궁전의 정원이었던 켄싱턴 가든은 1841년부터 일반인을 위한 공원이 되었다. 하이드 파크 역시 왕가의 공원이었다가 제임스 1세가 일반인들에게 개방했다. 지금은 많은 런던 시민들이 사랑하는 공원이자 승마 경주, 음악회, 퍼레이드 등 다양한 행사가 열리는 공간으로 자리 잡았다.

이렇듯 켄싱턴 지역은 조용하지만 생기와 사랑이 있는 곳이다. 바쁘게 돌아다니기보다는 느긋하게 하루를 즐기기에 제격이다. 왕가의 사랑 이야기를 떠올려 보기도 하고, 공원에서 한나절 여유를 느껴보는 것도 좋다. 런던 시민들의 평범한 날들을 경험할 수 있는 시간이 될 것이다. 첼시 지역이나 노스 켄싱턴 지역 근처도 코스에 넣어 여행 일정을 완성하는 것도 괜찮다.

POINT

1
켄싱턴 지역의 박물관 관람

2015년에 여행 가이드북으로 유명한 론리 플래닛은 '무료로 할 수 있는 가장 값진 것들'이라는 주제로 순위를 발표했는데 그중 1위가 바로 켄싱턴 박물관 관람이었다. 자연사 박물관, 과학박물관, 빅토리아&앨버트 박물관이 이 지역에 있는 대표 박물관들이다. 찰스 다윈의 표본이나 첫 증기 기관차, 영국 왕실뿐 아니라 런던의 의상 컬렉션 등 세 곳의 박물관만 봐도 하루가 아쉬울 정도. 게다가 세 곳 모두 입장료가 무료라니, 이보다 더 좋을 수 없다.

2
빅토리아 여왕과 앨버트 공의 러브 스토리

빅토리아 여왕은 즉위하기 2년 전인 16세 때 동갑이었던 앨버트 공을 만나 사랑에 빠졌다. 그러나 이후 3년간 두 사람은 만나지 못했고, 빅토리아 여왕이 왕위에 오른 후 재회한다. 이때 여왕은 "나의 청혼을 받아들인다면 행복이 넘쳐흐르리라"라고 말했고, 앨버트 공은 "몸과 마음을 다 바쳐 당신의 영원한 노예가 되겠소"라고 답하며 그녀의 청혼을 받아들인다. 둘은 서로를 사랑하는 마음으로 20년이 넘는 시간 동안 깊은 이해 속에 부부 생활을 유지했다. 그러나 불행하게도 앨버트 공이 42세의 나이로 세상을 떠났다. 이후 한동안 빅토리아 여왕은 국가 일에서도 손을 놓으며 사랑하는 남편을 그리워했다. 켄싱턴 지역은 이렇게 깊었던 빅토리아 여왕과 앨버트 공의 사랑 이야기를 떠올리기 좋은 곳이다.

3

런던의 젊은 예술을 느끼고 싶다면

소호&코벤트 가든 지역
Soho&Covent Garden

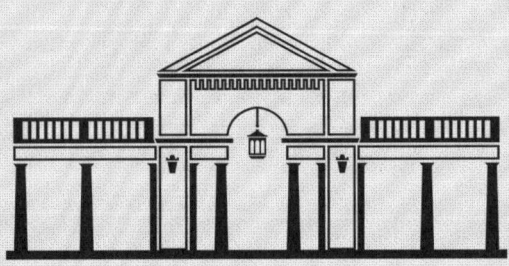

소호 지역은 런던의 놀 거리와 즐길 거리의 중심지라고 할 수 있다. 이탈리아, 중국, 유럽 등 다양한 나라에서 런던으로 건너온 이민자들이 정착한 지역으로, 여러 문화가 어우러지며 소호만의 새로운 예술과 문화를 완성했다. 소호는 더욱 활기 넘치는 곳이 되었고 맛집, 레스토랑, 클럽 등 여행자들의 발길을 사로잡을 만한 핫 스폿들이 생겨났다.

소호와 비슷한 듯 다른 느낌이 드는 곳은 바로 옆에 위치한 코벤트 가든 지역이다. 코벤트 가든은 런던에서 다양한 거리 공연이 열리는 예술 공간이다. 또한 코벤트 가든 마켓을 중심으로 아티스트 숍, 핸드메이드 숍 등 런던에서만 볼 수 있는 제품을 판매해 볼거리가 넘치는 곳이기도 하다. 워낙 볼거리, 먹거리가 다양하기 때문에 이곳에서는 수많은 런던 시민을 만날 수 있고, 그들의 평범하지만 유쾌한 일상을 바로 가까이에서 지켜볼 수 있다.

소호와 코벤트 가든 지역에서 런던의 젊은 감각과 런던 시민들의 자유로운 라이프를 엿보자. 더불어 맛있는 음식으로 배를 채우며, 거리 공연으로 감성을 채우고, 많은 숍들을 돌아보며 두 손까지 두둑하게 채워보면 어떨까. 이곳이라면 충분히 가능하다.

!POINT

1
재즈 클럽, 로니 스콧
(Ronnie Scott)

1959년 색소포니스트 로니 스콧이 동료 뮤지션들과 연주를 즐기기 위해 마련한 공연장(www.ronniescotts.co.uk). 지미 헨드릭스의 마지막 연주를 비롯해 쳇 베이커, 프린스, 마일스 데이비스 등 이름만 들어도 알 만한 사람은 다 아는 뮤지션들이 공연했던 곳이며, 지금도 세계적인 재즈 클럽으로 유명하다. 매 공연 매진되는 곳이기 때문에 반드시 예약 후 일정을 잡아야 한다. 가격은 비싸지만, 런던에서만 경험할 수 있는 공간과 음악을 느낄 수 있다.

2
런던의 작은 골목, 닐스야드
(Neal's Yard)

코벤트 가든에서 조금 걸어가면 밝고 화려한 건물들이 이어지는 좁은 골목길을 만날 수 있다. 이곳이 바로 런던의 작은 골목이자 촬영 핫 스폿으로 유명한 닐스야드. 우리에게는 화장품 브랜드로 익숙한 이름이기도 하다. 형형색의 건물들과 맛있는 음식 냄새가 가득한 좁은 골목길은 런던의 낭만을 완성하기에 알맞은 곳이다. 오후의 햇살을 받으며 작은 카페에서 커피나 차를 한잔하거나 노선 벤치에 앉아 지나가는 사람들을 구경하며 책을 읽어도 그만이다. 단 사람들이 너무 붐비는 시간이나 요일을 피하는 것이 골목의 정취를 느끼기에 좋으니 참고하자.

4

과거와 현재의 공존

시티 오브 런던&사우스뱅크 지역
City of London&Southbank

시티 오브 런던은 런던 타워에서 성 바오로 성당까지, 템스강에서 런던 월가까지의 지역으로 런던 금융의 중심지이다. 수많은 글로벌 금융 기업이 있는 곳이자 영국 왕으로부터 자치권을 인정받은 런던의 가장 작은 자치행정 구이기도 하다. 가장 현대적인 이 지역에 영국 왕가의 역사적 사건들이 있었던 런던탑이 있다. 아직 왕정이 남아있는 영국의 현재와 닮았다는 생각이 들 정도. 세인트폴 대성당을 비롯해 런던 브리지와 밀레니엄 브리지도 시티 오브 런던 지역의 명소로, 런던의 현재와 과거를 이어주는 느낌이다.

시티 오브 런던 지역에서 템스강을 건너오면 사우스뱅크 지역을 만나게 된다. 시티 오브 런던 지역이 과거와 현재의 공존이라면 사우스뱅크는 현대의 런던을 느낄 수 있는 곳이다. 이는 밀레니엄 시대를 기념하며 만들어진 런던아이, 현대 미술 갤러리로 유명한 테이트 모던 갤러리 등 사우스뱅크를 대표하는 명소들의 의미와도 연관이 있다. 현대의 런던과 과거의 런던을 오가며 시간 여행을 즐긴다는 기분으로 이 지역을 여행해보는 것은 어떨까.

!POINT

1
템스 강변을 따라 만나는, 사우스뱅크 센터
(Southbank Centre)

사우스뱅크 지역에서 템스 강변을 따라 걷다 보면 워털루 브리지와 골드 브리지 사이에서 두 다리와 연결된 복합 문화 공간, 사우스뱅크 센터를 만나게 된다. 세계에서 가장 큰 복합 문화 센터인 이곳은 로열 페스티벌 홀, 퀸 엘리자베스 홀, 헤이우드 갤러리로 구성되어 있다. 이곳을 찾았다면 센터 뒤편에서 열리는 푸드 마켓을 방문해 보자. 다양한 길거리 음식을 팔고 있으니, 먹고 싶은 음식을 사서 템스강을 바라보며 즐기는 것도 좋다. 템스 강변을 걸어 좀 더 아래로 이동하면 워털루 브리지 아래 중고 책과 레코드를 판매하는 미니 마켓도 만날 수 있으니 참고하자.

2
도심의 재래시장, 버로우 마켓
(Borough Market)

버로우 마켓(www.boroughmarket.org.uk)은 1276년 문을 연, 런던에서 가장 오래된 시장이다. 우리나라의 재래시장과 비슷한 모습이라고 생각하면 된다. 직접 기른 채소나 신선한 과일, 고기와 해산물까지 구매할 수 있다. 여행자보다는 현지인들의 삶과 밀접하게 맞닿아 있는 곳이니 런던 시민들의 평범한 일상을 보고 싶은 이들에게 추천한다. 더불어 런던의 이른 아침을 갓 구운 빵과 향 좋은 커피로 시작하고 싶은 이들이라면 이곳으로 가면 된다.

INFO

런던, 완전정복!
꼭 알아야 할 BEST 6

Immigration

입국심사, 겁먹지 말고 당당하게!

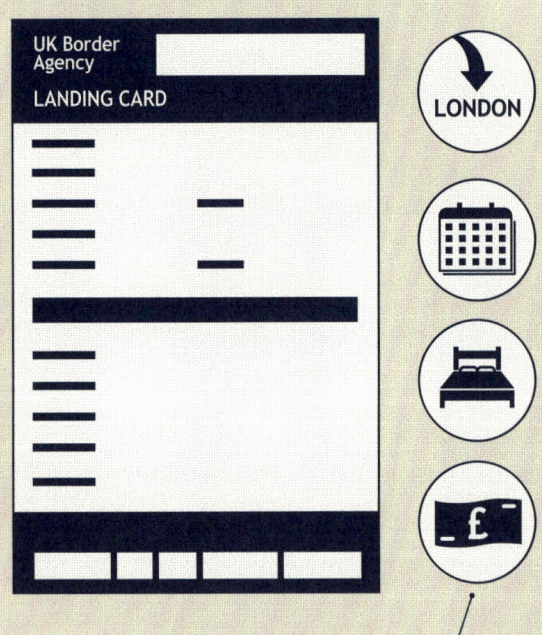

입국심사 카드는 성의있게 작성. 특히 머무는 곳의 주소는 명확하게 표기한다.

방문 목적과 체류 기간, 숙소 위치, 여행 경비에 대한 질문에는 답을 미리 준비해 놓는 게 좋다.

1

 런던 히스로는 유럽에서도 입국심사가 까다로운 공항이다. 또한 아주 천천히 입국심사를 하기 때문에 기다림의 미학을 깨닫게 되는 곳이기도 하다. 그러나 아무리 까다로운 심사라도 몇 가지만 기억하면 어렵지 않게 통과 도장을 받을 수 있으니 미리 겁먹거나 걱정하지 말자.

 우선 비행기에서 작성하는 입국심사 카드를 성의 있게 쓰자. 그중에서도 특히 영국 내에서 머무는 곳의 주소를 정확히 표기하는 것이 중요하다. 숙소의 예약 바우처를 프린트해서 준비하면 도움이 된다. 또한 한인 민박이나 에어비앤비를 이용할 경우 이름만 쓰는 것보다 그곳의 명확한 주소를 적는 것이 좋다. 간혹 정식 숙박업체 등록이 되지 않은 곳들은 문제가 될 수도 있으니 가까운 호텔 주소를 알아가 적는 것도 작은 팁이다.

 입국심사에서 받는 몇 가지 질문에는 답을 미리 준비해 놓는 것도 도움이 된다. 항상 묻는 말은 크게 4가지 정도. 런던에 왜 왔는지, 얼마나 머물 것인지, 어디에서 머물 것인지, 돈은 있는지. 이 질문에 간단한 대답을 생각해 놓으면 된다. 또한 영국 사람들은 눈을 보고 이야기하는 것이 일반적이기 때문에 입국 심사관의 시선을 두려워하거나 피하지 말고 당당하게 쳐다보며 말을 하는 것이 좋다. 잘 알아듣지 못했을 경우, 당황하지 말고 천천히 말하거나 한 번 더 말해달라고 하면 그들 역시 친절하게 응대해준다.

 어느 곳에서나 사람과 사람 사이에 천천히 이야기하면 문제가 생길 일이 거의 없다. 너무 당황하거나 두려워할 경우 오히려 이상하게 보일 수 있으니 걱정은 한시름 내려놓고 여유를 한 움큼 챙겨서 입국 심사대로 향하자. 심호흡 한 번 하고. 외국인이기 때문에 영어를 잘 하지 못해도 충분히 이해받을 수 있다는 마음으로 영어 울렁증을 잠깐 내려놓아도 좋다.

How to go

런던 공항에서 숙소까지!

2

히스로 공항에서 런던 시내로 들어가는 가장 빠른 방법은 히스로 익스프레스를 이용하는 것이다. 런던 시내까지 한 번에 가는 직행열차라고 생각하면 되는데, 히스로 공항에서 패딩턴 역까지 단 15분이면 도착한다. 히스로 공항 내 터미널 1번과 3번, 5번에서 탑승할 수 있다. 그러나 편도 25£(왕복 37£)로 요금이 비싼 편이니, 개인적인 예산을 고려한 후 선택하는 것이 좋다. 시간은 좀 더 걸리지만 가격이 저렴한 히스로 커넥트도 유용하다. 여러 역에서 정차하기 때문에 시내까지 25분 정도 소요되지만, 가격은 편도 10.30£로 저렴하다.

시내 이동의 일반적인 방법은 런던의 지하철 튜브를 이용하는 것이다. 물론 한 시간 이상 걸리지만, 저렴하게 런던 시내로 갈 수 있는 방법이다. 런던 튜브는 워낙 다양한 라인이 있어, 런던 각 지역으로 이동해야 하는 여행자들에게 특히 편리한 교통수단이다. 다만 런던 교통 체계에 대한 기본 정보는 알고 있어야 도움이 된다. 공항에서 런던 시내로 이동할 때 버스를 이용할 수도 있다. 공항 밖으로 나와 센트럴 코치 역에서 버스를 타면 빅토리아 코치 역까지 직행한다. 요금은 7£로 지하철과 비슷하며 소요시간은 약 1시간 정도이다. 야간에 공항에 도착했거나 이동해야 하는 경우 두 가지 선택이 가능하다. 하나는 블랙캡 택시. 편안하고 안전하게 시내로 이동할 수 있다. 그러나 요금이 비싸기 때문에 함께 이동하는 인원이 많거나 짐이 특히 많은 게 아니라면 권하지 않는다. 다른 선택은 심야버스를 이용하는 것이다. N9번 버스를 이용하면 켄싱턴과 트래펄가 광장까지 갈 수 있으며, 요금은 6.10£이다.

대부분의 교통수단은 인터넷으로 사전 예매를 하면 조금 더 저렴하게 이용할 수 있다. 따라서 여행 일정에 맞춰 시내까지 이동할 수 있는 교통수단을 선택하고 사전 예매를 하는 것이 좋다. 또한 오이스터 카드를 구매하는 것이 유용하다. 오이스터 카드는 우리나라의 교통카드처럼 튜브, 버스, 트램 등 런던 내의 교통수단을 이용할 수 있는 카드이다. 1-2존을 이용할 경우 1일 최대 금액은 튜브 6.60£, 버스 4.50£. 충전한 시간부터 다음날 새벽 3시까지 사용할 수 있으며, 7일 권도 있으니 여행 계획에 맞춰 결정하면 된다. 이용 요금 외에 보증금 5£가 있으며 환급받을 수 있다(https://tfl.gov.uk/).

공항에서 시내로 향하는 시간은 여행하게 될 도시를 처음 만나는 시간이며, 여행지의 사람들과 처음 인연을 시작하는 시간이기도 하다. 시간이 오래 걸리거나 조금 불편해도 설레는 마음으로 여행의 '처음'을 즐겨보자. 즐거움을 만끽하다 보면 어느새 목적지에 도착해 있을 것이다.

Underground
런던 지하철 완전정복

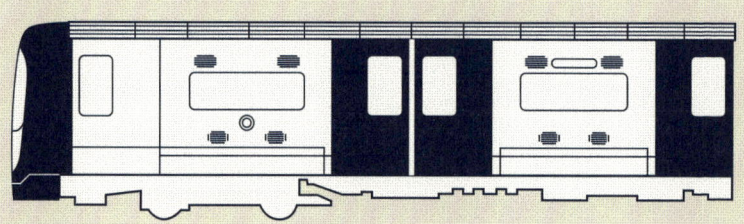

3

    세계에서 가장 복잡한 지하철 노선을 가지고 있는 도시 4위 런던. 많은 수의 노선이 운행 중이고, 요금 체계 역시 1-9존까지 다르기 때문에 런던의 지하철을 처음 타면 당황하기 쉽다. 그러나 몇 가지만 알고 있으면 런더너들처럼 당당하게 탈 수 있으니 미리 걱정하지는 말자.

    우선 런던의 지하철 명칭은 튜브이고, 지하철역은 언더그라운드이다. 우리나라 지하철에 익숙해 서브웨이라고 이야기하면 샌드위치 가게를 소개해 줄지도 모른다. 그러니 지하철역을 물을 때는 꼭 튜브 또는 언더그라운드 스테이션이라는 표현을 사용하자.

    그다음으로 중요한 것이 바로 요금이다. 요금은 존 별로 다르다. 여행객들은 대부분의 관광지가 모여있는 1-2존을 주로 이용하기 때문에 그에 대한 정보만 확실히 알아도 여행에 큰 도움이 된다. 1-2존 1회 이용 요금은 4.90£. 이때 우리나라 티머니 카드처럼 영국의 교통카드인 오이스터 카드를 이용하면 조금 더 저렴한 요금으로 지하철을 이용할 수 있다. 오이스터 카드는 지하철, 버스, 트램, DLR, 국철을 모두 이용할 수 있는 대중교통 카드이다. 우리나라 교통카드와 같은 방식으로 돈을 충전해서 사용할 수 있으며 교통 편을 이용할 때마다 차감된다. 환승 할인이 되지는 않지만, 하루 동안 얼만큼 이용해도 상한 요금까지만 차감되기 때문에 교통수단을 많이 이용하는 일정이라면 도움이 된다. 최초 구매 시 카드 보증금 5£을 내며, 충전은 1£부터 원하는 만큼 가능하다. 1회 이용 요금은 2.40£이며, 하루 상한 요금은 존 별로 다르지만 관광객들이 주로 가는 1-2존의 경우 6.60£이다. 따라서 여러 역을 짧게 짧게 많이 이동해야 하는 여행객들에게 교통비 절감 효과가 크다. 트래블 카드 역시 오이스터 카드와 비슷한 상한 금액을 가지고 있는데, 만약 단기 여행자라면 카드 보증금이 없는 원데이 트래블 카드가 더 유리할 수 있다

    튜브를 이용할 때는 시간도 고려해야 한다. 런던은 피크 타임에 지하철을 이용하면 같은 구간이라도 좀 더 비싼 요금을 내야 한다. 피크 타임은 평일 출근 시간인 오전 6시 30분-9시 30분, 퇴근 시간인 오후 4시-7시이니 참고하자. 또 한가지 주의 사항은 타고 내릴 때 버튼을 눌러야 문이 열리는 수동 개폐 시스템이라는 사실. 우리나라 지하철을 생각하고 서 있다 보면 내려야 할 역을 지나칠 수 있으니, 반드시 문 앞에서 버튼 누르는 것을 잊지 말자.

4 Bus
런던 버스 완전정복

런던을 상징하는 것을 이야기할 때 빼놓을 수 없는 게 바로 빨간 이층버스다. 런던 시내 곳곳을 달리는 빨간 이층 버스는 런던의 풍경을 완성한다. 버스 이름은 더블 데커. 런던의 주요 관광 명소만을 돌아다니는 시티투어 버스는 요금이 25£로 비싼 편이다. 그러나 한번 티켓을 구매하면 관광지에서 내려 명소를 돌아본 후 다시 버스를 타고 다음 관광지로 이동하는 것이 가능한 호프-온(Hop on), 호프-오프(Hop off) 방식으로 운영되어 짧은 시간에 런던 명소를 여행하고 싶은 이들에게는 유용하다.

좀 더 시간적 여유를 가지고 런던 시민들과 함께 하는 여행을 계획 중이라면 일반 버스를 이용하면 된다. 일반 버스 역시 대부분 이층 버스이기 때문에 런던만의 느낌을 살리면서 저렴한 비용으로 여행하는 것이 가능하다. 1회 요금은 2.60£, 오이스터 카드를 이용하면 1.50£이다. 환승은 되지 않지만 몇 번을 타더라도 1일 최대 상한 요금이 4.50£로, 그 이상 비용이 들지 않는다.

이제 어떤 버스를 타야 하는지 살펴보자. 런던 시내에서 예전 모습을 그대로 간직한 15번 버스는 노선은 짧지만 주요 지역을 두루 지난다. 내셔널 갤러리가 있는 트래펄가 스퀘어 옆 채링크로스 역에서 출발해 세인트폴을 지나 종점인 런던탑까지 운행한다. 따라서 15번 버스를 이용하면 런던 시내를 달리며 전통적인 런던을 만날 수 있다.

빅토리아 아래 핌리코에서 출발하는 24번 버스도 놓치기 아깝다. 웨스트민스터 사원과 총리 관저, 다우닝 스트리트를 지나 햄스테드까지 운행한다. 중간중간 극장들이 많은 덴마크 스트리트, 골동품과 책, 먹거리가 가득한 캄덴타운 등을 지나기 때문에 버스만 타고 있어도 런던을 여행하는 재미를 충분히 느낄 수 있다. 2층에 앉아 편안하게 런던 시내 풍경을 바라보는 것은 어떨까.

이 밖에 첼시에서 출발해 리버풀 스트리트까지 운행하는 11번 버스, 쇼핑에 최적화된 노선인 9번 버스도 버스 여행 후보로 손색이 없다. 여행 기간 중 하루 정도 충분한 시간적 여유를 가지고 런던을 한 바퀴 돌아보고 싶은 여행자라면, 버스 여행이 완벽한 선택이 될 것이다.

Europe tour 5
유럽 대륙 여행을 위한 **교통편** 완전정복

런던을 여행하는 여행자들은 유럽 여행을 계획하고, 그 출발을 런던에서 하는 경우가 많다. 이들의 런던 여행 마지막 과정이 바로 유럽 대륙으로의 이동이다. 유럽 대륙으로 가는 방법 중 가장 다양한 지역으로 이동 가능한 교통 편은 저가항공이다. 요금도 비교적 저렴하고, 어떤 나라로도 이동이 가능해 점차 많은 여행자들이 선택하는 교통수단이다. 이지젯, 라이언 에어를 통해 예약할 수 있으며, 런던 근교의 개트윅 공항, 루턴 공항, 스탠스테드 공항 등을 이용하면 된다.

프랑스 파리나 벨기에 브뤼셀로 이동할 계획이라면 유로스타를 이용할 수 있다. 초고속 기차인 유로스타는 운행 편수도 많고 파리까지 2시간 15분이면 도착해 많은 여행자들이 선호하는 교통수단이다. 세인트 판크라스 인터내셔널 역에서 탈 수 있고, 유레일패스가 있으면 요금 할인을 받을 수 있다.

빅토리아 코치 스테이션에서 유럽 46개 도시로 이동할 수 있는 버스, 유로라인도 대륙 이동 수단이다. 저렴한 요금과 야간 이동이 가능해 예산 제한이 있는 배낭여행객들에게 인기가 좋다. 성수기에는 요금이 오르고 이용객 수도 많으니, 유로라인을 이용할 계획이라면 사전 예약을 하는 것이 좋다. 버스를 이용할 경우 국경을 넘을 때 입국심사가 진행되고, 버스를 갈아타야 한다는 점도 유의하자.

Duty Free Shop
면세점 똑똑하게 이용하는 방법

정가의 30-50% 저렴한 가격으로 제품을 구입할 수 있는 면세점 쇼핑은 해외여행을 계획하면서 가질 수 있는 또 하나의 즐거움이다. 특히 공항에서뿐만 아니라 여행 계획이 완료되면 '시내면세점'과 '인터넷 면세점'도 이용할 수 있다. 면세점 쇼핑도 여러 선택지가 있으니 꼼꼼하게 알아보고 똑똑하게 이용하자.

항공권 예매가 확정되면 출국 60일 전부터 면세점을 이용할 수 있다.

쿠폰이나 멤버십 혜택 등이 면세점마다 다르니 이용하기 전 미리 확인해보면 좋다.

시내 또는 인터넷 면세점에서 구매한 제품은 출국 시 면세품 인도장에서 수령이 가능하다. 여권과 항공권, 제품 교환권 등을 제시해야 하니 잊지 말고 챙기도록 하자.

Q1 시내면세점, 인터넷 면세점, 공항 면세점, 기내 면세점 등 다양한 종류의 면세점, 어떻게 이용하면 될까?

여행 계획을 세운 후 출국까지 시간적인 여유가 있다면 시내면세점과 인터넷 면세점을 이용하는 것이 유리하다. 멤버십 할인, 쿠폰, 적립금 등 여러 혜택을 활용하면 조금 더 저렴한 가격에 제품을 구입할 수 있다. 단 비행기 시간, 여행 목적지에 따라 구매 제한이 있을 수 있으니 미리 체크해보자. 시내면세점의 경우 운영 시간을 확인하고 방문해야 한다. 시내에서 가장 늦은 시간에 면세점 쇼핑을 할 수 있는 곳은 밤 11시까지 운영하는 동대문 두타면세점이니 참고하자.

* 두타면세점 본점 : 서울특별시 중구 장충단로 275 두산타워 1F, 7F~13F
* 두타인터넷면세점 : www.dootadutyfree.com

Q2 면세점 쇼핑을 할 때 알아두어야 할 것은 무엇인가?

우선 여권과 항공권 또는 e 티켓은 필수이다. 항공권 예매가 확정되면 출국일로부터 60일 전부터 면세점을 이용할 수 있다. 내국인의 경우 면세품 구매 한도는 3,000$ (국산품은 제외)이며, 입국 시 면세 한도는 내외국인 모두 국산품과 수입품을 포함해 600$이다. 따라서 입국 시 구매한 면세품의 가격이 600$가 넘을 경우, 자진 세관 신고를 하고 세금 납부를 해야 한다. 제품별로 적용 세율이 다를 수 있으니 구매할 때 미리 체크하자.

인터넷 면세점을 이용하는 경우에는 여권과 항공권 외에 본인 인증이 가능한 핸드폰 번호가 필요하다. 또한 인터넷 면세점에 없는 브랜드나 제품도 '스페셜 오더'로 문의하면 상품 유무 확인 후 주문 가능 여부를 알려준다. 사고 싶은 물건이 명확한 경우 온라인을 활용하면 좀 더 편리하게 원하는 쇼핑을 할 수 있다.

Q3 면세점을 똑똑하게 이용하는 방법은?

대부분의 면세점에서는 멤버십 제도와 다양한 할인 쿠폰 프로모션을 진행하고 있다. 회원 가입을 하면 회원 전용 기본 할인 혜택을 받을 수 있으며, 구매 금액과 가입 기간을 기준으로 쿠폰, 적립금 혜택이 다르게 제공된다. 특히 인터넷 면세점에서는 기본 멤버십과 별도로 구매 등급 제도가 있어 더욱 실속 있는 면세 쇼핑을 즐길 수 있다. 두타면세점의 경우 회원 등급별로 최대 20%까지 기본 할인 혜택을 제공한다. 각 면세점 별로 운영하는 이벤트에도 주목하자. 해외여행 전 부지런한 면세점 쇼핑 정보 탐색은 필수!

Q4 구매한 제품은 어떻게 받으면 될까?

시내면세점, 인터넷 면세점을 이용해 구매한 제품은 출국 당일 공항 인도장에서 찾을 수 있다. 면세품 수령은 반드시 출국하면서 해야 한다는 점을 잊지 말자. 해외에서 한국으로 돌아올 때는 면세품 수령이 불가하다. 면세품 인도장에서는 본인이 구매한 제품만 수령이 가능하다. 제품 수령 시에는 여권과 항공권, 제품 구매 시 받았던 교환권을 제시해야 하며, 인도장에서 상품을 확인하고 문제가 있으면 바로 직원에게 문의해야 한다. 이후 환불이나 교환이 어려울 수 있으니 물건을 받으면서 바로 확인하는 것이 좋다.

우리가 오늘은 이러고 있지만, 내일은 어떻게 될지 누가 알아요?
We know what we are, but not what we may be.

- 셰익스피어

TRAVEL PACKING LIST
여행 준비물 목록

| ESSENTIAL
기본 물품 | CLOTHES
의류 | ACCESSORIES
액세서리 |

| TOILETRIES & COSMETICS
세면도구 & 화장품 | ELECTRONICS & GADGETS
전자제품 & 장비 | OTHER
그 외 |

CHECK LIST
장소, 음식, 쇼핑 등 여행 중 경험하고 싶은 나만의 목록을 만들어 사용해보세요

	CHECK		CHECK

PART
1

Mu-
seum

유럽 미술의 보고,
런던 미술관 탐방

PART 1 / ESSAY

미술관
투어만으로
2박 3일

MUSEUM

● 런던에는 크고 작은 다양한 미술관과 박물관이 있다. 미술관과 박물관만 돌아봐도 2박 3일이 모자랄 정도. 그렇기에 반드시 가야 할 곳, 개인적인 취향에 맞는 곳, 런던에서만 볼 수 있는 작품들이 있는 곳 등 미리 여행 리스트를 정리하는 것이 필요하다.

유럽의 회화 변천사를 한눈에 보고 싶다면 사자상이 반기는 내셔널 갤러리로 향하자. 66개 전시실을 4구역으로 나눠 연대순으로 전시하고 있어, 내셔널 갤러리를 한 바퀴 돌아보면 미술을 몰라도 유럽 회화의 시대별 변화를 느낄 수 있다. 한국어 오디오 가이드를 4£(학생증 소지 시 3.50£)에 대여할 수 있으니 설명을 들으며 전시를 관람하는 것도 좋다. 이 밖에도 현대 예술을 보고 싶다면 테이트 모던 갤러리, 인류의 역사적 변천사를 한눈에 관람하고 세계 유산을 직접 보고 싶다면 대영 박물관으로 가면 된다.

여기서 끝이 아니다. 자연사 박물관, 과학박물관 등 아이들을 위한 박물관과 추리 소설 마니아를 위한 셜록 홈스 박물관도 놓칠 수 없는 공간이다. 영국 왕실의 의상 컬렉션을 보고 싶을 때는 빅토리아&앨버트 박물관, 초상화 작품을 특히 좋아한다면 내셔널 포트레이트 갤러리, 현대 미술과 신진 작가들의 실험적 작품을 보고 싶으면 사치 갤러리를 찾으면 된다. 이처럼 런던은 관심사에 따라 각기 다른 맞춤형 미술관과 박물

관을 찾을 수 있는 도시이다. 따라서 남들이 가니까 따라가는 장소보다 나를 위한 맞춤 갤러리 투어를 계획해보자. 또한 런던은 무료 전시가 많기로 소문난 도시이다. 여행 일정을 잘 맞추고 미리 스케줄을 짜면 전시를 무료로 볼 수 있는 일석이조의 행운까지 누릴 수 있다.

오랜 시간 유럽 문화와 예술의 중심지였던 도시 런던. 미술관과 박물관에는 런던이 간직한 문화 예술의 정수가 고스란히 담겨 있다. 런던이라는 도시만의 색과 향을 좀 더 느끼고 싶다면 미술관, 박물관 투어가 제격이다.

¹ 내셔널 갤러리(The National Gallery)

주소 Trafalgar Square, London, WC2N 5DN
전화 020-7747-2885
이용시간 10:00-18:00 (금요일 10:00-21:00)
휴일 1월 1일, 12월 24-26일
요금 무료
홈페이지 www.nationalgallery.org.uk

1824년 38점의 작품을 전시하며 문을 연 영국 최초의 국립 미술관. 현재는 2,300여 점 이상의 작품이 전시되고 있으며, 특히 유럽 회화 작품들이 주를 이룬다. 피렌체의 우피치 미술관, 스페인 마드리드의 프라도 미술관과 함께 유럽 3대 미술관으로 꼽힌다.

내셔널 갤러리는 연대순으로 작품을 전시하고 있어 순서에 따라 관람하면 미술을 잘 몰라도 쉽게 유럽 미술의 변화를 느낄 수 있다. 회화 작품은 중앙 홀을 중심으로 왼쪽에 있는 세인즈버리 윙에서 관람을 시작한다. 이곳에는 1200년대에서 1500년대 작품들이 전시되어 있다. 이어서 1500-1600년대 작품 중심의 웨스트 윙, 1600-1700년대 작품이 중심인 노스 윙, 1700-1900년대 작품을 볼 수 있는 이스트 윙 순으로 보면 된다.

워낙 방대한 작품이 전시 중이니 가이드 투어를 이용하는 것도 관람에 도움이 된다. 무료 영어 가이드 투어가 하루에 2번, 오전 11시 30분과 오후 2시 30분에 1시간 동안 진행된다. 가장 중요한 작품에 대해 자세히 알고 싶다면 오디오 가이드를 이용해도 좋다. 이때 신분증이 필요하니 참고하자.

레오나르도 다 빈치의 스케치부터 미켈란젤로, 티치아노, 반 다이크, 터너, 모네, 르누아르, 고흐, 세잔까지 유럽 미술을 대표하는 작가들의 작품을 모두 볼 수 있는 내셔널 갤러리. 온종일 둘러봐도 시간이 모자랄 정도이며 결코 지루할 틈이 없을 것이다.

² 코톨드 갤러리
(The Courtauld Gallery)

주소 Somerset House, Strand, London, WC2R 0RN
전화 020-7848-2526
이용시간 10:00-18:00
 (17:30분까지 입장 가능)
휴일 12월 25-26일
요금 7-10,50£ (18세 이하, 학생 무료)
홈페이지 www.courtauld.ac.uk

세계에서 가장 아름다운 소규모 미술관으로 많은 영국인의 사랑을 받는 곳이다. 사무엘 코톨드가 1932년 런던 대학에 기증한 컬렉션을 바탕으로 문을 열었으며, 1990년 현재 자리에 정착했다. 규모는 작아도 르네상스 시대부터 20세기의 회화까지 다양한 컬렉션을 보유하고 있으며, 특히 인상파와 후기 인상파 컬렉션이 훌륭하다. 이곳은 미술 애호가들의 자발적 동참으로 완성된 갤러리라는 점 때문에 더욱 의미가 있다. 한 달에 한 번 오후 9시까지 문을 여는 날이 있으니 방문 전 홈페이지를 반드시 확인하자. 또한 월요일은 입장료를 50% 할인하고 있으니 이 기회를 노려보는 것도 좋다.

³ 셜록 홈스 박물관
(Sherlock Holmes Museum)

주소 221b Baker St, London, NW1 6XE
전화 020-7224-3688
이용시간 09:30-18:00
휴일 12월 25일
요금 성인 15£ / 학생(16세 미만) 10£
홈페이지 www.sherlock-holmes.co.uk

영국 추리소설의 대표적 인물인 셜록 홈스의 생가를 재현한 공간으로, 원래 하숙집이었던 오래된 아파트를 개조해 박물관으로 완성했다. 도로 정비를 통해 실제 존재하지 않는 소설 속 주소 221B까지 만들었을 정도. 홈스는 실존 인물이 아니지만, 박물관에 들어서는 순간 그가 이곳에서 살았을 거라는 생각이 자연스럽게 든다. 왓슨 박사와 홈스가 머리를 맞대고 추리를 거듭하던 거실과 방, 그들이 사용하던 실험기구와 책, 식기까지 흔적이 고스란히 남아있다. 추리소설을 좋아한다면, 홈스의 팬이었다면, 혹은 예전 런던의 삶과 인테리어가 궁금하다면 이 특별한 박물관을 선택해보자.

4 테이트 모던 갤러리
(Tate Modern Collection)

주소 Bankside, London, SE1 9TG
전화 020-7887-8888
이용시간 10:00-18:00
　　　　 (금요일-토요일 10:00-22:00)
휴일 12월 24-26일
요금 무료(특별 전시는 유료)
홈페이지 www.tate.org.uk

1981년 문을 닫은 뱅크사이드 발전소 건물을 개조해 2000년 새롭게 문을 연 테이트 모던 갤러리는 20세기 이후 현대 미술품을 전시하는 공간이다. 달리, 폴락, 피카소, 워홀 등 현대 예술을 대표하는 작가들의 작품을 상설 전시하고 있다. 전시 관람 후 템스강 산책도 권한다. 갤러리에서 바라보는 템스강과 런던의 풍경도 좋고, 템스강을 가로지르는 밀레니엄 다리를 건너며 갤러리를 바라보는 것도 좋다. 테이트 모던 갤러리와 테이트 브리튼 사이를 왕복하는 유람선을 타보는 것도 런던 여행의 한나절 코스로 제격이다.

+ 보너스 팁

현대카드를 가지고 있으면 특별 전시도 무료입장이 가능하다. 1인 2장의 입장권을 받을 수 있으니 멤버십 데스크를 찾아가자. 단 입장권을 받을 수 있는 종류의 카드인지 먼저 확인할 것.

GALLERY

ART IS
PASSION
REVOLUTION
AND LOVE
ART IS NOT
INCIVILITY

PART 2

어머, 이건
꼭 봐야해!

Mu-
sical

PART 2 / ESSAY

눈을 사로잡는 뮤지컬의 천국, 런던

MUSICAL

● 런던의 대표적인 볼거리 중 뮤지컬을 빼놓으면 서운하다. 런던은 뉴욕 브로드웨이와 함께 세계적인 뮤지컬의 도시이기 때문이다. 피커딜리 서커스에서 코벤트 가든까지를 웨스트엔드라고 일컫는데, 바로 이곳이 런던 뮤지컬 1번지이다. 약 50개의 극장이 늘어서 있으며, 극장마다 세계적인 뮤지컬을 공연 중이다. 우리나라에서 볼 수 있는 공연도 있지만, 본고장에서 즐기는 공연은 그 느낌이 다를 수 있으니 런던을 여행한다면 뮤지컬을 한 편 보는 것을 추천한다.

뮤지컬 관람을 결심했다면 조금이라도 싼 가격의 표를 찾는 것이 여행자의 필수적인 단계. 일반적으로 각 공연 사이트나 극장 사이트를 통해 표를 구매할 수 있지만, 온라인의 경우 수수료가 부과되기도 하고 오프라인보다 비쌀 때도 있다. 따라서 박스 오피스나 레스터 스퀘어에 있는 할인 판매 부스를 이용하는 것이 좋다. 단 레스터 스퀘어의 하프 프라이스 부스의 경우 요금 차이가 천차만별이니, 여러 곳을 비교해 본 후 구매해야 한다. 또한 시즌과 작품에 따라 학생 할인을 해주니 구매하기 전 반드시 확인하자. 공연 시작 30분 전에 남는 티켓을 싼 가격에 판매하는 경우도 있다. 또한 공식 할인 판매 부스(TKTS)에서 최대 50% 할인된 표를 구매할 수도 있으니, 발품을 팔아 저렴한 표 구하기에 도전해 보자.

보고 싶은 공연을 결정하고, 저렴하게 표까지 구했다면 이제 뮤지컬을 보는 일만 남았다. 이때 마지막으로 놓치면 안 되는 것이 바로 공연 에티켓. 아무리 여행자라고 해도 에티켓을 지키는 것은 기본 중의 기본이다. 공연 시작 전에 입장을 완료하고, 휴대전화를 꺼놓고, 공연 중 촬영을 하지 않는 것 등 한국은 물론이고 세계 어디에서나 지켜야 하는 공연 에티켓이다. 특별한 복장 제한은 없지만, 공연의 무드를 즐기기 위해 나만의 드레스 업 의상을 한 벌쯤 챙겨가는 것도 즐거운 추억을 만드는 방법이 될 것이다.

1 빌리 엘리어트
(Billy Elliot)

빌리 엘리어트는 영국 역사상 가장 긴 파업으로 기록된 1984-1985년 광부 대파업을 배경으로 한 작품이다. 지역적 배경 역시 더럼을 포함해 영국 북부 광산 지대가 중심이다. 이 작품은 '꿈은 이루어진다'라는 전형적인 이야기지만, 꿈을 이루기 위해 현실적으로 감내해야 하는 고통과 상황들 또한 그려내고 있다. 발레리노를 꿈꾸는 빌리의 재능을 깨달은 아버지가 할 수 있는 선택은 학비를 위해 파업을 포기하는 일이다. 빌리가 꿈을 이루기 위해 런던으로 떠나는 날, 아버지와 형은 탄광의 갱도로 일을 하기 위해 들어간다. 이 작품은 누군가의 노력과 희생, 현실을 유지하기 위한 행동이 있을 때 누군가의 꿈이 현실이 될 수 있다는 것을 보여준다. 현실이 힘들수록 꿈과 이상, 예술이 위안이 되는 모습 또한 빌리 엘리어트가 담고 있는 이야기의 한 부분이다. 2005년 5월 초연을 올렸고, 지금까지도 많은 이들의 사랑을 받고 있다.

2 맘마미아
(Mamma Mia)

1972년부터 1982년까지 활동했던 스웨덴 출신 그룹 아바(ABBA)의 노래를 엮어 만든 뮤지컬. 내용은 노래와 관계없이 영화 <Buona Sera, Mrs. Campbell>(1968)을 각색해 만들어졌다. 엄마 도나와 딸 소피가 이 뮤지컬의 주인공이다. 이야기는 딸 소피가 자신의 생부를 찾기 위해 도나의 일기장에 적힌 세 명의 남자를 자신의 결혼식에 초대하면서 시작되며, 결과적으로 어머니와 딸의 화해로 이어진다. 공연을 보면서 함께 노래를 흥얼거릴 수 있는 뮤지컬로 언어가 문제되지 않는 작품이다. 1999년 4월에 초연되었고, 이후 현재까지도 세계적인 사랑을 받는 뮤지컬이다. 기성 음악을 바탕으로 한 주크박스 뮤지컬로는 가장 큰 인기를 얻은 작품이기도 하다.

³ 라이언 킹
(The Lion King)

동명의 애니메이션을 뮤지컬로 만든 작품으로, 정글의 왕이자 동물의 왕인 사자 무파사와 그의 아들 심바의 이야기이다. 애니메이션이 원작이기 때문에 동화 같은 심바의 모험담이 중심인데, 배우들이 동물 모습을 연기하는 것과 화려한 무대 연출 덕에 한시도 눈을 뗄 수 없다. 런던을 여행하면서 누구와 봐도, 언제 봐도 좋을 뮤지컬이다.

⁵ 위키드
(Wicked)

동명 소설을 원작으로 만들어진 뮤지컬로, 우리가 잘 알고 있는 <오즈의 마법사>의 숨겨진 이야기를 다루고 있다. 등장인물들은 오즈의 마법사와 같지만 내용은 그 이전 스토리인 셈. 서쪽의 초록 마녀 엘파바와 착한 금발 마녀 글린다가 주인공이다. 둘의 묘한 우정도 이 작품을 보는 재미를 더한다. 더불어 우리가 알고 있는 오즈의 마법사 속 인물들이 어떻게 탄생했는지를 알 수 있다. 국내에서도 여러 번 공연되어 익숙하지만, 런던이라는 낯선 공간에서 보면 작품 속 배경에 함께 있는 듯한 새로운 감정을 느낄 수 있을 것이다.

⁴ 레 미제라블
(Les Miserables)

1862년에 발표된 빅토르 위고의 동명 소설을 뮤지컬로 만든 작품으로, 빵 한 조각을 훔쳤다는 이유로 19년간 감옥살이를 하는 장 발장이 주인공이다. 가석방 상태에서 주교의 은촛대를 훔치지만 주교의 자비로운 마음 덕분에 새로운 삶을 개척해 나가는 이야기. 혁명이 일어나는 시기의 프랑스를 배경으로 하며, 웅장한 음악과 강렬한 무대가 특히 인상적이다.

PART *3*

Walk

도시 전체가 문화 갤러리인
런던을 걸어보자

● 런던은 도시 곳곳이 촬영 포인트이다. 우리가 잘 알고 있는 웨스트민스터 사원, 국회의사당과 빅벤을 비롯해 런던 브리지와 세인트폴 대성당까지 어느 한 곳 의미 없는 공간이 없으며, 마음을 빼앗지 않는 공간이 없다. 덕분에 첫 런던 여행에서 반드시 해야 하는 몇 가지의 To do 리스트가 있을 정도. 우선 아침 일찍 버킹엄 궁전의 근위대 교대식을 보고, 트래펄가 광장에서 공연을 즐기고, 애프터눈 티 또는 맥주를 마시며 코벤트 가든 마켓을 둘러보는 일. 여기서 끝이 아니다. 세인트폴 대성당의 미사에 참석해 보거나 런던아이를 타고 하늘에서 런던의 풍경을 한눈에 바라보는 일도 많은 이들의 리스트에 들어있다.

이렇듯 런던이라는 도시가 하나의 큰 갤러리가 될 수 있는 것은 모든 장소가 저마다의 이야기를 간직하고 있기 때문이다. 왕가의 슬픈 전설이나 세기의 사랑부터 각종 로맨스 영화 속 주인공들의 사랑 이야기까지…. 덕분에 런던 곳곳은 단순한 건물이 아니라 슬픈 이야기를 간직한 작품이 될 수 있다.

갤러리를 관람할 때 반드시 함께해야 하는 것이 바로 적절한 휴식. 런던 역시 도시를 거닐다가 휴식 타임을 즐길 수 있는 장소가 다양하다. 대표적인 곳이 공원. 세인트 제임스 파크&그린 파크, 리젠트 파크 등 끝이 보이지 않을 정도로 넓고 한적한 공원이 도시 곳곳에 자리 잡고 있다. 이곳에서는 날이 좋으면 햇볕을 쬐기 위해 공원으로 나온 런더너들의 일상 라이프를 함께 즐길 수 있다.

런던 곳곳에 있는 매력적인 장소들을 통해 런던의 과거 이야기를 연상해보고, 공원에서 만나는 런더너들의 라이프를 함께하며 오늘날의 런던 이야기를 감상해보는 여행은 어떨까. 이는 런던이기에 가능한 여행일 것이다. 한순간도 쉬지 않고 이어지는 런던의 이야기는 천천히 걸으면서 읽는 것이 제격. 그러니 런던에 갔다면 하루 정도 충분히 도시 곳곳을 거닐어 보자.

¹ 세인트폴 대성당
(SaintPaul's Cathedral)

주소 St Paul's Churchyard, London, EC4M 8AD
전화 020-7246-8350
이용시간 08:30-16:30
휴일 일요일(예배 참석만 가능)
요금 성인 18£ / 학생 16£ / 아동(6-7세) 8£
홈페이지 www.stpauls.co.uk

여러 번 수정을 거듭하며 170여 년에 걸쳐 완공된 성공회 교회로, 리버풀 대성당에 이어 영국에서 두 번째로 큰 성당이다. 성당 안으로 들어가면 넓은 홀을 부드럽게 감싸듯 이어지는 오르간 연주에 절로 편안한 마음이 된다. 화려한 모자이크와 천장의 돔 프레스코화가 특히 돋보이는 내부 역시 감탄을 부른다. 세인트폴 대성당에서 놓치지 말아야 할 곳은 런던 전체를 조망할 수 있는 돔이다. 257개의 계단을 오르면 회랑을 만나고, 여기서 좀 더 올라가면 스톤 갤러리와 골든 갤러리가 나온다. 바로 이곳이 시원하게 펼쳐지는 런던 시내를 한눈에 담을 수 있는 곳이다.

매일 오후 5시부터 6시까지는 예배 시간이다. 예배에 참석하면 세인트폴 대성당이 자랑하는 성가대의 노랫소리를 들을 수 있다. 맑고 고운 소리로 노래하는 성가대를 보고 있으면 절로 긴장이 풀리고, 영혼이 깨끗해지는 느낌을 받는다. 여기에 더해 세계 최고라는 평을 듣는 오르간 연주는 쉽게 얻을 수 없는 감동을 전해준다. 이 두 가지 만으로도 세인트폴 대성당은 여행자를 위한 쉼터가 된다. 여행지에서 느긋하게 시간을 보내기에도 알맞고, 마음을 내려놓고 한 번쯤 쉬어가는 시간을 보내기에도 맞춤인 셈. 다이애나 왕세자비와 찰스 왕세자의 결혼식장이었기에, 음악 소리에 실려 그들의 러브 스토리가 들리는 듯한 느낌도 경험할 수 있다.

² 런던탑
(Tower of London)

주소 St Katharine's&Wapping, London, EC3N 4AB
전화 020-3166-6000
이용시간 화요일-토요일 09:00-16:30 (3월-10월 09:00-15:30)
 일요일-월요일 10:00-16:30 (3월-10월 10:00-17:30) *입장은 오후 4시까지만 가능
휴일 1월 1일, 12월 24-26일
요금 성인 24.80£ / 학생 19.30£ / 5-15세 11.50£
 온라인 구매시 성인 21.50£ / 학생 16.40£ / 5-15세 9.70£
홈페이지 www.hrp.org.uk/tower-of-london

런던탑은 탑이라기 보다 성에 가깝다. 앞으로 템스강이 흐르고 900년간 이어져 온 중세 건축 양식의 성은 마치 동화 속 한 장면을 연상하게 한다. 그러나 아름다운 외관과는 달리 이 탑에는 유독 슬픈 이야기들이 많이 전해진다.

런던탑은 왕궁이었던 동시에 왕족이나 귀족을 가두는 감옥이자 처형장이었다. 에드워드 5세와 헨리 6세가 이곳에 갇혔으며, 헨리 8세와 세계를 뒤흔드는 사랑을 나눴던 앤 불린 역시 이곳에서 사형당했다. 이 밖에 헨리 8세의 왕비였던 캐서린 하워드, 스코틀랜드의 여왕 메리노 이곳에서 최후를 맞이했다.

지금의 런던탑은 영국 역사를 간직한 채 과거와 현재를 잇는 박물관으로 그 쓰임이 변경되었다. 이곳에는 왕가에서 사용했던 장신구와 왕관, 무기 등이 전시되어 있다. 가장 유명한 전시품은 빅토리아 여왕을 위해 제작된 '아프리카의 별'이라 불리는 530캐럿 다이아몬드이다. 이곳에 전시된 왕가의 보석이나 왕관 등은 대관식 때 웨스트민스터 사원으로 이동돼 지금도 왕가를 상징하는 상징물의 역할을 수행하고 있다.

³ 코벤트 가든
(Covent Garden)

주소 25 Minton Mews, London,
      NW6 1XX UK
전화 020-7993-6415
홈페이지 www.covent-garden.co.uk

⁴ 빅벤
(Big Ben)

위치 Palace of Westminster, SW1A 0AA
전화 020-7219-4272
홈페이지 www.parliament.uk/bigben

이곳은 수도원 소유의 땅에 생긴 공간이다. 그래서 수도원을 뜻하는 코벤트와 정원을 의미하는 가든이 합쳐져 코벤트 가든이라 부르게 되었다. 세인트폴 대성당을 중심으로 과일과 채소, 꽃 등을 판매하는 시장이 형성되었고, 오드리 헵번이 꽃 파는 아가씨로 등장했던 영화의 촬영지로 유명해졌다. 지붕이 유리로 되어 있어 날씨와 상관없이 중앙 홀에서 골동품이나 수공예품을 판매하는 애플 마켓과 주빌리 마켓 등이 열린다. 다양한 음식점과 카페가 자리 잡으면서 코벤트 가든은 런던에서 빼놓을 수 없는 명소가 되었다. 최근에는 연주, 공연, 퍼포먼스 등 코벤트 가든에서만 만날 수 있는 다양한 풍경이 있어 일단 들어서면 쉽게 나오고 싶은 마음이 들지 않는다. 더불어 런던 시민들이 만들어가는 매일의 이야기가 담긴 공간이기에 더욱 매력적이다.

빅벤은 웨스트민스터 궁전 북쪽 끝에 있는 시계탑 이름이다. 아마 대부분의 사람들이 런던을 생각하면서 머릿속에 떠올리는 이미지의 주인공일 것이다. 그만큼 런던을 대표하는 상징물로 유명한 빅벤. 이 시계탑의 정식 명칭은 엘리자베스 타워이다. 2012년 엘리자베스 2세 여왕의 즉위 60주년을 기념하며 공식적으로 명칭을 개명했다.

빅벤이 유명한 또 하나의 이유는 세워진 지 114년이 지났지만 큰 고장 없이 지금까지도 정확한 시간을 알려주고 있다는 것이다. 우리가 새해에 보신각을 찾듯 런던 사람들은 빅벤 앞에서 새해를 맞이한다. 이곳에는 런던이라는 도시를 흐르는 모든 시간이 모였다가 흩어지는 느낌이다. 그래서인지 빅벤 근처에 가면 런던이라는 도시의 숨겨진 이야기가 들릴 것 같다.

5 리젠트 파크
(The Regent's Park)

주소 Regents Park, London, NU1 4RU
전화 0300-061-2300
홈페이지 www.royalparks.org.uk/parks/the-regents-park

런던 도심 한가운데 있는 리젠트 파크는 1820년에 문을 연 왕실의 공원이자 런던에서 가장 큰 공원이다. 공원 중앙에는 영국에서 가장 크고 아름다운 장미공원인 퀸 메리 가든이 있고, 공원 내 야외극장에서는 연주회와 연극 등 다양한 공연이 열린다. 공원 북동쪽에는 세계에서 가장 오래된 동물원인 런던 동물원이 있다. 이렇게 리젠트 공원은 단순한 공원이 아니라 런던의 상징적인 장소이자 다양한 공간들을 하나로 이어주는 역할을 하는 곳이다.

워낙 넓기 때문에 공원을 다 돌아보겠다는 다짐보다는 공원 곳곳에서 나만의 작은 공간을 발견하겠다는 마음으로 여유를 가지는 것이 좋다. 또한 다른 명소들과 이어지는 출입구를 중심으로 공원 탐방 일정을 짜는 것도 도움이 된다. 런던을 여행하며 각기 다른 출입구를 통해 공원을 탐방해보는 것도 색다른 경험이 될 것이다.

PART
4

Tasty

런던 음식이 맛없다는
편견을 버려라

PART 4 / ESSAY

런던에서
즐기는 먹방

TASTY

● 영국에서는 음식을 기대하기 어렵다는 이야기가 일반적이다. 영국을 대표하는 음식이 피시 앤 칩스가 유일한 데다 주변 국가인 이탈리아나 프랑스가 워낙 미식의 나라로 정평이 나 있다 보니 상대적으로 음식을 내세우기 어려웠던 것은 사실이다.

그러나 런던에 맛없는 음식만 있다는 것은 섣부른 일반화의 오류이다. 다양한 나라의 음식을 맛볼 수 있는 것은 물론 기본 음식인 피시 앤 칩스도 특별한 분위기에서 즐길 수 있다. 가볍게 즐기는 영국식 샌드위치부터 런던에서 즐기는 애프터눈 티 등 입을 즐겁게 하기에 충분한 아이템들이 가득하다. 그러니 맛있는 런던의 하루를 기대해 보자.

¹ 스케치
(Sketch)

주소 9 Conduit St, Mayfair, London, W1S 2XG
전화 020-7659-4500
영업시간 07:00-02:00
(일요일 07:00-00:30)

인스타그램에서 가장 핫한 카페라고 해도 과언이 아니다. 핑크색 소파가 가득한 플로어 때문이거나 화려한 갤러리 같은 화장실 때문일 수도 있다. 애프터눈 티를 즐겨도 좋고 시간이 허락한다면 레스토랑에서 코스 요리를 즐겨도 좋다. 하지만 거대한 인기 탓에 언제나 사람이 많아 불편함을 감수해야 한다. 런던에서 가장 힙한 카페인 것은 분명한 사실이다.

² 플랫아이언
(Flat Iron)

주소 17 Beak St, Soho, London, W1F 9RW
전화 020-3019-2353
영업시간 월요일-수요일 11:45-23:00
목요일 11:45-23:30
금요일-토요일 11:45-24:00
일요일 11:45-22:30

물가 비싼 런던에서 맛 좋은 스테이크를 10£ 정도의 저렴한 가격으로 즐길 수 있는 곳이다. 가성비 좋은 스테이크를 맛보기 위한 런더너와 관광객의 자리 쟁탈전이 격렬하니, 반드시 예약해야 한다. 혹 예약을 하지 못한 탓에 2시간 이상의 기다림을 경험하더라도 레스토랑의 분위기와 가격, 맛을 느끼는 순간 짜증이 단번에 사라질 것이다. 도끼 칼이 주는 소소한 위트와 함께 만족스러운 식사를 할 수 있다.

³ 프레 타 망제
(Pret A Manger)

주소 런던 내 곳곳에 위치
영업시간 월요일-금요일 06:00-21:00
토요일-일요일 07:30-21:00
홈페이지 www.pret.co.uk

맛도 좋고 건강에도 좋은 음식을 먹을 수 있는 곳이다. 런던 곳곳에 위치한 체인점이기에 더욱 반갑다. 신선한 샐러드는 물론 다양한 종류의 샌드위치와 따뜻한 수프 등 음식도 많다. 커피는 물론 각종 티를 곁들일 수 있어 여행객은 물론 현지인에게도 사랑받는 곳이다.

⁴ 더 화이트 라이언
(The White Lion)

주소 24 James St, London, WC2E 8NS
전화 020-7240-1064
영업시간 월요일-목요일 10:00-23:30
　　　　　금요일-토요일 10:00-24:00
　　　　　일요일 10:00-22:30

⁵ 위타드 오브 첼시
(Whittard of Chelsea)

주소 65-67 Regent St, Mayfair, London,
　　　 W1B 4DZ
전화 020-7437-4175
영업시간 월요일-토요일 09:30-21:00
　　　　　일요일 10:00-21:00

영국스러운 피시 앤 칩스를 맛볼 수 있는 곳이자 맥주를 즐길 수 있는 펍이다. 1층은 펍으로 꾸며져 맥주를 즐기는 분위기이고, 2층은 식사를 할 수 있는 레스토랑이다. 고풍스러운 인테리어, 분위기를 살려주는 의자와 테이블이 런던에 왔음을 느끼게 해준다. 전통 방식의 피시 앤 칩스는 담백해 맥주와 아주 잘 어울린다. 창밖으로 보이는 코벤트 가든의 풍광도 일품.

홍차 브랜드인 위타드는 포트넘 앤 메이슨과 더불어 홍차를 좋아하는 사람은 물론 잘 알지 못하는 사람도 한 번쯤 꼭 들러보는 곳이다. 선물용으로 좋은 제품이 많고, 애프터눈 티를 부담 없이 즐길 수 있는 카페도 운영 중이다. 예쁜 홍차 티포트와 잔도 판매하고 있는데, 한번 보면 집에 가져가고 싶은 욕구에 시달리게 될 것이다.

PART 5

Shop

런던에서
쇼핑, 어디까지
해봤니?

런던 쇼핑의 포인트, 스트리트!

SHOPPING

● 런던은 현대와 과거가 적절하게 조화를 이루면서 런던만의 새로운 스타일을 보여주는 도시이다. 따라서 런던을 여행하면서 나만의 아이템 발굴에 도전하지 않는 것은 두고두고 후회가 남을 일. 런던 여행의 마지막을 채워주는 쇼핑을 시작해보자. 단 명품 매장이나 백화점보다는 런던만의 아이템을 볼 수 있는 장소들을 중심으로 쇼핑 계획을 짜길 권한다. 특히 런던의 경우 스트리트에 따라 상점의 성격이나 위치한 브랜드들의 차이가 있으니, 자신의 취향에 맞는 스트리트를 선택한 후 쇼핑을 시작하면 후회할 일이 적을 것이다.

스타일리시한 런던 패션을 경험하고 싶다면 옥스퍼드 스트리트를 찾자. 저렴하면서도 런던만의 감성이 담긴 스타일 아이템들을 만날 수 있다. 런던을 대표하는 브랜드인 탑샵을 비롯해 막스&스펜서, 셀프리지 백화점까지 볼거리가 한가득이다. 명품 브랜드와 디자인 소품 숍 해비태트, 고급스러운 영국식 백화점 리버티 등이 줄지어 있는 리젠트 스트리트, 런던 최대의 번화가이자 선물 구매를 위한 최적의 선택지인 피커딜리 서커스, 영국 디자이너들의 브랜드 숍들이 모여 있는 본드 스트리트도 놓치기 아깝다.

이 밖에 각종 빈티지 마켓과 플리 마켓도 다양하다. 영화 <노팅 힐>로 유명한 포토

벨로 마켓을 비롯해 일요일마다 열리는 선데이 업 마켓, 골동품과 빈티지 상점이 모여 있는 그레이스 앤티크 마켓까지 끝이 없다.

　런던에서의 쇼핑은 다른 도시와는 조금 다르다. 하나씩 공들여 찾고, 본 후에 조심스럽게 무언가 선택하는 쇼핑을 하게 된다. 그만큼 수많은 이야기를 담은 색다른 물건들이 주인의 선택을 기다리고 있기 때문이다. 현대적인 것을 좋아하는 이들도, 빈티지하고 예스러운 멋을 좋아하는 이들에게도 런던은 잊을 수 없는 쇼핑의 도시로 기억될 것이다.

¹ 리버티 백화점
(Liberty)

주소 Regent Street, London, W1B 5AH
전화 020-7734-1234
이용시간 10:00-20:00 일요일 12:00-18:00
홈페이지 www.libertylondon.com

리젠트 스트리트에 위치한 리버티 백화점은 런던을 대표하는 고급 백화점 중 하나이다. 특히 외관이 유명한데, 고전 소설이나 영화에 등장할 것 같은 저택을 연상시킨다. 작은 정원으로 꾸며진 리버티 백화점의 입구에 들어서는 순간, 백화점보다는 어느 귀족의 숨겨진 저택에 방문하는 느낌을 받을 것이다. 국내에서 쉽게 볼 수 없는 다양한 향수 브랜드와 런던만의 감성이 담긴 의류 매장이 핫 아이템 코너. 이 밖에 주얼리, 리버티 백화점의 자체 제작 상품인 프린팅 패브릭이나 액세서리도 눈길을 사로잡는다.

² 그레이스 앤티크 마켓
(Gray's Antiques Market)

주소 58 Davies Street & 1-7 Davies Mews, London, W1K 5AB
전화 020-7629-7034
이용시간 월요일-금요일 10:00-18:00
　　　　토요일 11:00-17:00
휴일 일요일, 12월 25일-1월 초
홈페이지 www.graysantiques.com

1977년에 문을 연 세계 최고의 앤티크 마켓으로, 건물 하나에 200여 곳의 앤티크 매장이 미로처럼 이어져 있다. 보석, 시계, 각종 골동품 등 전 세계 앤티크 상품을 한자리에 모아놓았다고 해도 과언이 아니다. 물건을 구매하지 않고 구경만 해도 워낙 매력적인 제품들이 많아 시간 가는 줄 모를 정도이다.

³ 포트넘 앤 메이슨
(Fortnum&Mason)

주소 181 Piccadilly, London, W1A 1ER
전화 020-7734-8040
이용시간 10:00-20:00 일요일 11:30-18:00
홈페이지 www.fortnumandmason.com

포트넘 앤 메이슨은 1707년 윌리엄 포트넘과 휴 메이슨이 공동으로 창업한 영국 최고의 식료품 백화점이다. 300년 동안 한자리를 지키고 있으며, 영국 왕실에 납품하는 식료품 업체로도 유명하다. 특히 양질의 홍차를 판매하는 곳으로 홍차와 함께 먹으면 안성맞춤인 쿠키, 초콜릿 등 먹거리도 판매한다. 포트넘 앤 메이슨을 찾았다면 점심보다는 영국의 전통을 느낄 수 있는 애프터눈 티를 즐겨보길 추천한다. 4층에 있는 세인트 제임스 레스토랑이나 G층의 티룸 어디서나 맛볼 수 있다.

⁴ 햄리스
(Hamleys)

주소 188-196 Regent Street, London, W1B 5BT
전화 0371-704-1977
이용시간 월요일-금요일 10:00-21:00
　　　　토요일 09:30-21:00
　　　　일요일 12:00-18:00
홈페이지 www.hamleys.com

유럽에서 가장 큰 장난감 백화점이다. 영국 왕실에 장난감을 납품하고 있으며, 현재는 왕실 소유로 운영되고 있다. 남녀노소 누구라도 한번 들어오면 그 매력에 빠져 시간 가는 줄 모르게 된다. 가지각색의 테디 베어부터 게임, 무선 조종 장난감, 로봇, 레고까지 수많은 장난감을 만날 수 있다.

5 포토벨로 마켓
(Portobello Market)

주소 Portobello Road, London, W10 5TE
전화 020-7727-7684
이용시간 월요일-수요일 09:00-18:00
　　　　　목요일 09:00-13:00
　　　　　금요일-토요일 09:00-19:00
휴일 일요일
홈페이지 www.portobellovillage.com

포토벨로 마켓은 150년의 긴 역사를 자랑하는 런던의 대표적인 재래시장으로, 영화 <노팅 힐>로 더 유명해졌다. 2,000여 개 이상의 앤티크 전문 매장이 있으며 각종 먹거리와 과일, 채소 등 우리네 시장과 비슷하게 없는 것 빼고 다 있는 곳이다. 색색의 예쁜 런던의 집들과 거리를 구경하는 재미까지 얻을 수 있다.

6 더 케임브리지 사첼 컴퍼니
(The Cambridge Satchel Company)

주소 31 James St, London, WC2E 8PA
전화 020-3077-1100
이용시간 수요일 10:00-20:00
　　　　　토요일 10:00-19:00
　　　　　일요일 10:00-18:00

영국 스타일의 가방을 갖고 싶다면 사첼백의 선구자인 '더 케임브리지 사첼 컴퍼니'로 향하자. 오리지널 사첼백을 30~50% 저렴하게 구매할 수 있다. 가장 기본적인 디자인의 사첼백뿐 아니라 다양한 종류와 컬러의 사첼백을 구경할 수 있다. 택스 리펀 혜택도 있으니, 사첼백에 관심 있는 사람이라면 놓치기 아쉬운 곳이다. 가방 앞에 이니셜이나 귀여운 그림 각인을 무료로 해주고 있으니 나만의 사첼백을 만들어보는 것도 좋다.

PART
6

Beau-
tiful

런던의
비밀스런
밤 나들이

NIGHT

야경부터 클럽까지!
런더너들의
핫 라이프 체험

PART 6 / ESSAY

NIGHT

● 런던의 밤은 다채롭다. 런던 곳곳에서 아름다운 불빛을 뽐내는 건축물들에 템스강을 따라 흐르는 강변의 불빛까지 더해지면 은은하면서도 아름다운 런던 야경이 완성된다. 야경은 런던에 본격적인 밤이 시작됐다는 신호이다. 이제 펍과 클럽, 레스토랑 등을 찾아 런더너들의 자유분방한 나이트 라이프를 함께 즐겨야 할 시간이다.

여름에 런던을 여행한다면 심야 영화와 사랑에 빠지게 될지 모른다. 여름에는 런던 곳곳이 야외 영화관으로 변신해 밤의 낭만과 영화의 매력을 동시에 느끼고 싶은 이들의 마음을 사로잡는다. 여기서 끝이 아니다. 런더너들을 잠 못 이루게 하는 음악을 느끼고 싶다면 클럽을 찾아보자. 세계적으로 몇 손가락 안에 드는 클럽, 유럽에서 가장 유명한 클럽 등 가봐야 할 곳이 많아 고민할지도 모른다. 맥주를 좋아하고 새로운 친구를 만들고 싶다면 펍이 제격이다. 오랜 시간 직접 맥주를 만들어 온 양조장 펍부터 영국 전통 에일 맥주의 맛을 느낄 수 있는 곳까지 다양한 펍들이 여행지를 기다리고 있다.

이렇게 런던의 밤은 낮과 다른 매력을 가진다. 특히 2016년 9월 지하철 2개 노선이 24시간 운행을 시작하면서 본격적으로 밤을 즐길 수 있는 여유가 더해졌다. 이는 지금까지 유럽 다른 나라들보다 밤 문화를 즐길 수 있는 콘텐츠가 부족했던 런던의 변화를 알리는 신호이기도 하다. 앞으로 런던의 밤은 더욱 뜨거워질 것이다.

¹ 타워브리지
(Tower Bridge)

주소 Tower Bridge Road, London, SE1 2UP
전화 020-7403-3761
이용시간 여름(4월-9월) 10:00-17:30
          겨울(10월-3월) 09:30-17:00
휴일 12월 24-26일
홈페이지 www.towerbridge.org.uk

² 런던아이
(London Eye)

주소 Riverside Building County Hall, Westminster Bridge Road, London, SE1 7PB
전화 0871-781-3000
이용시간 월별, 요일별 이용 가능한 시간이 다르니 홈페이지로 확인
홈페이지 www.londoneye.com

타워브리지는 런던을 대표하는 상징물이자 랜드마크이다. 하나로 이어져 있던 다리 가운데가 분리되며 양쪽으로 들어 올려지는 이엽도개교로, 1894년에 완공되었다. 지금은 증기 엔진이 아닌 전기로 열리는데, 일주일에 몇 번 열리지 않으니 홈페이지에서 미리 시간을 확인하는 것이 좋다. 사실 타워브리지는 다리가 열리는 모습을 보지 않아도 여러 매력을 가진 곳이다. 그중 특별한 것이 바로 런던의 야경을 한눈에 볼 수 있는 공간 중 하나라는 것. 타워브리지에 올라 바라보는 템스강과 런던 야경은 말이 필요 없다. 이뿐만 아니라 타워브리지 자체의 야경도 놓치면 아쉽다. 템스강에 있는 다리 중 야경이 가장 아름답기로도 유명하고, 템스강 어디에서 바라봐도 완벽한 모습을 자랑한다.

2000년 밀레니엄 시대를 기념해 제작한 상징물 중 하나인 런던아이는 어느새 런던을 대표하는 건축물이 되었다. 특히 로맨스 영화 주인공들이 사랑을 확인하는 장소로 자주 등장하며 더 많은 인기를 얻었다. 런던아이에서 바라보는 런던의 풍경은 언제나 멋지지만, 특히 해가 진 후의 야경은 입이 벌어질 정도. 날씨가 좋으면 런던 외곽지역까지도 한눈에 볼 수 있다. 다만 저녁 시간이나 특별한 시즌에는 수많은 사람들이 런던아이 앞에 줄을 서 있기 때문에 미리 표를 예매하거나 오전 일찍 구매하는 것이 좋다. 한 바퀴를 도는데 소요 시간은 약 30분 정도이니 참고하자.

³ 클럽 코코
(Club KOKO)

주소 1A Camden High Street,
      London, NW1 7JE
전화 020-7388-3222
홈페이지 www.koko.uk.com

런던에서 가장 좋은 클럽 3위 안에 드는 곳이다. 뮤지컬 극장을 개조해 런던의 오래된 극장 같은 모습이다. 그러나 안으로 들어가면 대형 공연장을 방불케 할 정도로 큰 규모와 강력한 사운드를 자랑한다. 더욱이 많은 아티스트들의 공연이 이어지기 때문에 런던 스타일의 음악과 밤 문화를 느끼고 싶은 여행자에게 맞춤인 공간. 홈페이지를 통해 공연 일정, 클럽 오픈 시간 등을 미리 확인하고 일정을 짜는 것이 좋다.

⁴ 루프탑 필름 클럽
(Rooftop Film Club)

전화 020-7635-6655
홈페이지 www.rooftopfilmclub.com

루프탑 필름 클럽은 고전, 컬트, 액션 등 장르에 상관없이 오랫동안 사랑받아온 영화를 야외에서 상영하는 미니 극장이자 바이다. 런던뿐 아니라 뉴욕과 로스앤젤레스에서도 운영하고 있으며 시즌별로 건물이나 장소가 달라진다. 온라인을 통해 보고 싶은 영화 티켓을 미리 구매하고 상영 15분 전까지 입장하면 된다. 헤드폰으로 소리를 들으며 야외 루프탑에서 즐기는 영화는 새로운 경험과 여행지의 추억을 선물해 주기에 충분하다. 날이 추울 때보다 여름에 제격인 나이트 라이프, 여름에 런던을 여행하는 여행자라면 한 번쯤 루프탑 필름 클럽을 찾아가 보자.

⁵ 호니먼
(The Horniman at Hay's)

주소 Hays Galleria, 18-19 Battle Bridge Ln,
      London, SE1 2HD
전화 020-7407-1991
이용시간 월요일-수요일 11:00-23:00
          목요일-금요일 10:30-24:00
          토요일 10:00-24:00
          일요일 10:00-23:00

호니먼은 전형적인 런던 스타일의 펍이다. 런던의 창고로 불리던 선착장을 개조해 만든 복합 쇼핑센터 헤이스 갤러리아 1층에 있다. 덕분에 타워브리지를 바라보며 영국 에일 맥주 한잔을 즐기기에 제격인 곳. 영국에는 곳곳에 다양한 크기의 펍들이 있으니, 여행 중 우연히 발견한 펍의 추억을 만들어 보는 것도 좋다. 아마 그곳에서 마신 시원한 맥주 한잔의 맛을 쉽게 잊지 못할 것이다.

천사의 혀로 노래를 불러도 사랑이 없다면
그건 그저 시끄러운 심벌즈 소리에 지나지 않아.

- 영화 <본 투 비 블루> 중

MONTH	1	2	3	4	5	6	7	8	9	10	11	12
DATE												
PLACE												

	S	M	T

W	T	F	S

MONTH	1	2	3	4	5	6	7	8	9	10	11	12
DATE												
PLACE												

	S	M	T

W	T	F	S

I wanna play! All I wanna do is play!
- 영화 <본 투 비 블루> 중

DATE _____

Today's Plan

Expenses Record		card ■ cash ☐
	☐	☐
	☐	☐
	☐	☐
	☐	☐
	☐	☐
	☐	☐
	☐	☐

DATE _____

Today's Plan

Expenses Record		card ■ cash ☐
	☐	☐
	☐	☐
	☐	☐
	☐	☐
	☐	☐
	☐	☐
	☐	☐

DATE _____

Today's Plan

Expenses Record		card ■ cash ☐
	☐	☐
	☐	☐
	☐	☐
	☐	☐
	☐	☐
	☐	☐
	☐	☐

DATE _____

Today's Plan

Expenses Record		card ■ cash □
	□		□
	□		□
	□		□
	□		□
	□		□
	□		□
	□		□

DATE _____

Today's Plan

Expenses Record		card ■ cash □
	□	□
	□	□
	□	□
	□	□
	□	□
	□	□
	□	□

DATE _____

Today's Plan

Expenses Record		card ■ cash ☐
	☐	☐
	☐	☐
	☐	☐
	☐	☐
	☐	☐
	☐	☐
	☐	☐

DATE _____

Today's Plan

Expenses Record		card ■ cash ☐
	☐	☐
	☐	☐
	☐	☐
	☐	☐
	☐	☐
	☐	☐
	☐	☐

DATE _____

Today's Plan

Expenses Record		card ■ cash ☐
	☐	☐
	☐	☐
	☐	☐
	☐	☐
	☐	☐
	☐	☐
	☐	☐

DATE _____

Today's Plan

Expenses Record		card ■ cash ☐
	☐	☐
	☐	☐
	☐	☐
	☐	☐
	☐	☐
	☐	☐
	☐	☐

DATE _____

Today's Plan

Expenses Record		card ■ cash ☐
	☐	☐
	☐	☐
	☐	☐
	☐	☐
	☐	☐
	☐	☐
	☐	☐

DATE

Today's Plan

Expenses Record		card ■ cash ☐
	☐	☐
	☐	☐
	☐	☐
	☐	☐
	☐	☐
	☐	☐
	☐	☐

DATE _____

Today's Plan

Expenses Record		card ■ cash ☐
	☐	☐
	☐	☐
	☐	☐
	☐	☐
	☐	☐
	☐	☐
	☐	☐

DATE _____

Today's Plan

Expenses Record		card ■ cash ☐
	☐	☐
	☐	☐
	☐	☐
	☐	☐
	☐	☐
	☐	☐
	☐	☐

DATE _____

Today's Plan

Expenses Record		card ■ cash □	
	□		□
	□		□
	□		□
	□		□
	□		□
	□		□
	□		□

DATE _____

Today's Plan

Expenses Record		card ■ cash ☐
	☐	☐
	☐	☐
	☐	☐
	☐	☐
	☐	☐
	☐	☐
	☐	☐

DATE _____

Today's Plan

Expenses Record	card ■ cash ☐
☐	☐
☐	☐
☐	☐
☐	☐
☐	☐
☐	☐
☐	☐

DATE _____

Today's Plan

Expenses Record		card ■ cash ☐
	☐	☐
	☐	☐
	☐	☐
	☐	☐
	☐	☐
	☐	☐
	☐	☐
	☐	☐

DATE _____

Today's Plan

Expenses Record			card ■ cash □
	□		□
	□		□
	□		□
	□		□
	□		□
	□		□
	□		□

DATE

Today's Plan

Expenses Record		card ■ cash ☐
	☐	☐
	☐	☐
	☐	☐
	☐	☐
	☐	☐
	☐	☐
	☐	☐

DATE _____

Today's Plan

Expenses Record		card ■ cash ☐
	☐	☐
	☐	☐
	☐	☐
	☐	☐
	☐	☐
	☐	☐
	☐	☐

DATE _____

Today's Plan

Expenses Record		card ■ cash ☐
	☐	☐
	☐	☐
	☐	☐
	☐	☐
	☐	☐
	☐	☐
	☐	☐

DATE _____

Today's Plan

Expenses Record		card ■ cash □
	□	□
	□	□
	□	□
	□	□
	□	□
	□	□
	□	□

DATE _____

Today's Plan

Expenses Record		card ■ cash □
	☐	☐
	☐	☐
	☐	☐
	☐	☐
	☐	☐
	☐	☐
	☐	☐

DATE _____

Today's Plan

Expenses Record	card ■ cash ☐
☐	☐
☐	☐
☐	☐
☐	☐
☐	☐
☐	☐
☐	☐

DATE _____

Today's Plan

Expenses Record		card ■ cash ☐
	☐	☐
	☐	☐
	☐	☐
	☐	☐
	☐	☐
	☐	☐
	☐	☐

☼ ☁ ☁ ☔ ❄

DATE _____

Today's Plan

Expenses Record		card ■ cash ☐
	☐	☐
	☐	☐
	☐	☐
	☐	☐
	☐	☐
	☐	☐
	☐	☐

DATE _____

Today's Plan

Expenses Record		card ■ cash □
	☐	☐
	☐	☐
	☐	☐
	☐	☐
	☐	☐
	☐	☐
	☐	☐

DATE _____

Today's Plan

Expenses Record		card ■ cash ☐
	☐	☐
	☐	☐
	☐	☐
	☐	☐
	☐	☐
	☐	☐
	☐	☐

DATE _____

Today's Plan

Expenses Record		card ■ cash ☐
	☐	☐
	☐	☐
	☐	☐
	☐	☐
	☐	☐
	☐	☐
	☐	☐

DATE _____

Today's Plan

Expenses Record		card ■ cash □
	☐	☐
	☐	☐
	☐	☐
	☐	☐
	☐	☐
	☐	☐
	☐	☐

159

호텔 용어

정보제공: 호텔패스(www.hotelpass.com)

레이트 체크아웃 Late Check-out	일반적으로 호텔에서 규정하는 체크아웃 시간보다 늦게 체크아웃하는 것을 의미한다.
어메니티 Amenity	호텔에서 투숙객의 편의를 위해 객실에 무료로 준비해 놓은 각종 소모품 또는 서비스 용품. 일반적으로 욕실용품과 물 등이다.
엑스트라 차지 Extra Charge	추가 비용을 의미. 인원 추가, 조식 추가, 베드 추가 등의 상황에서 사용된다.
올 인클루시브 All Inclusive	호텔 숙박비 내에 미니 바를 포함한 모든 음식, 선택관광 서비스 요금이 포함되어 있는 형태를 말한다.
얼리 체크인 Early Check-in	기존의 호텔 체크인 시간보다 이른 시간에 체크인하는 것을 의미한다. 추가 비용이 발생하는 경우도 있다.
컨시어지 Concierge	비서처럼 개인적이고 개별적인 고객 서비스를 총괄 담당하는 관리인. 호텔 이용, 주변 교통 편이나 관광에 대한 설명과 레스토랑 추천 등 고객의 편의를 도와준다.

여행자를 위한 영어회화 _ 호텔편

예약하셨나요? Did you make a reservation?	지금 체크인할 수 있나요? Can I check in now?
체크인 시간은 몇시죠? What time is check-in?	체크인하고 싶습니다. I'd like to check in.
일찍 체크인 할 수 있나요? Can I check in early?	체크인은 어디서 합니까? Where do I check in?
어느 분 앞으로 예약되어 있습니까? Whose name is the reservation under?	제 이름으로 예약했습니다. It's in my name.
해변 쪽 방으로 주세요. I'd like a room with a seaside view, please.	짐을 방까지 가져다 주시겠어요? Could you bring my luggage up to the room?
제 짐을 올려주실 수 있으세요? Can you move up my baggage?	수건을 더 주시겠어요? Could I have more towels?
저녁까지 제 짐을 보관해 주실 수 있어요? Could you keep my luggage until this evening?	공항 가는 버스는 어디서 타요? Where do I board the bus going to the airport?

런던의 축제

런던의 연중 축제

런던에서는 매월, 매일 크고 작은 축제들이 열린다. 대부분의 축제는 별도의 입장료 없이 무료로 즐길 수 있으니, 런던 여행 계획과 일정에 맞춰 정보를 검색해 보는 것이 좋다. 유명하지 않아도 개인적인 만족도가 높은 작은 축제들이 많은 도시이기 때문에 시티 오브 런던 홈페이지에서 자신을 위한 런던 축제를 찾아보자.

www.cityoflondon.gov.uk/events

기본 축제

루미나리에 축제 - 웨스트앤드 거리, 킹스크로스 역 주변 - www.visitlondon.com/lumiere	맥주 축제
1월	7월-8월
1월의 런던은 다양한 빛으로 둘러싸인다. 이는 빛의 축제인 루미나리에가 진행되기 때문이다. 빛을 이용한 설치 미술 작품들이 런던 거리를 아름다운 빛의 세계로 만들어 준다.	매년 여름에는 영국 곳곳에서 지역별 맥주 축제가 열린다. 비교적 큰 규모의 축제인데, 약 120여 종류의 다양한 맥주를 맛볼 수 있다.

노팅 힐 카니발	New Year's Day www.lnydp.com
8월	12월, 1월
매년 8월 마지막 주에 열리는 유럽 최대의 거리 축제. 가장행렬, 야외 콘서트, 각종 라이브 연주 등 풍성한 볼거리와 즐길 거리가 가득한 런던의 대표적인 축제이다.	새해를 축하하는 축제로 퍼레이드, 콘서트, 각종 행사 등이 열린다. 런던 하늘을 수놓을 불꽃놀이와 자정에 맞춰 울리는 빅벤의 종소리가 인상적이다.

CONTACT LIST
주요 연락처

- 런던 내 한국대사관 -
60 Buckingham Gate, London SW1E 6AJ
http://gbr.mofa.go.kr
☎ 020-7227-5500
긴급 연락처 078-7650-6895

- 영사콜센터 -
24시간 연중무휴
국내 02-3210-0404(유료)
해외 +82-2-3210-0404(유료)
국가별 접속번호 +800-2100-0404(무료)

PERSONAL CONTACT LIST
개인 비상 연락망

Coupon
두근두근 여행 다이어리 북 시리즈에서 준비한 특별 여행선물

1. 두타인터넷면세점 30,000원 적립금

- 적립금 코드 7SO11VRVWK　• 다운로드 기간 2018년 12월 31일까지
- 유효 기간 다운로드 일로부터 3개월까지

<사용방법>
① 두타인터넷면세점 로그인(www.dootadutyfree.com) * 비회원의 경우 신규가입 필요
② 마이페이지 > 적립금 클릭 > "적립금 등록하기" 란에 "적립금 코드 10자리" 입력

2. 두타면세점 10,000원 할인권 ($50 이상 결제 시 즉시 할인)

- 유효 기간 2018년 12월 31일까지
- 사용처 동대문 본점 / 출국 당 1회

5116000000003645

YOLO PROJECT
두근두근 여행 다이어리 북
✕

DOOTA DUTY FREE

3. 두타면세점 30,000원 할인권 ($100 이상 결제 시 즉시 할인)

- 유효 기간 2018년 12월 31일까지
- 사용처 동대문 본점 / 출국 당 1회

5116000000003646

4. 두타몰 F&B 3,000원 바우처 교환권

- 유효 기간 2018년 12월 31일까지　• 교환 장소 두타몰 4F 멤버십 데스크
- 기간 중 1인 1회 교환 가능
- 바우처 교환 후 두타몰 F&B(식음) 매장에서 사용하실 수 있습니다.
- 두타몰 4F 멤버십 데스크 교환 시간 AM10:30~PM9:00(월~일)

5. 두타몰 멤버십 가입 시 최대 5,000 포인트

- 대상 두타몰 멤버십 신규가입 고객
- 혜택 신규 가입 즉시 최대 5,000포인트 지급

YOLO PROJECT
두근두근 여행 다이어리 북
✕
1등 글로벌 호텔예약
HOTELPASS.com

해외 호텔 7% 할인 or 일본 1박 700¥ 할인

- 쿠폰 번호 YPPASS77　• 쿠폰 등록 기간 2018년 12월 31일까지
- 쿠폰 사용 기간 홈페이지 등록 후 발급일로부터 1년

<사용방법>
① 호텔패스 로그인 > 마이 페이지 > 쿠폰 조회 > 쿠폰 등록 > 쿠폰 발급 완료

<사용 안내>
- 본 적립금은 기간 내 ID 당 1회 발급 가능합니다.
- 본 적립금은 결제금액의 최대 30%까지 사용 가능합니다.
- 브랜드별 적립금 사용률은 상이할 수 있으며,
  일부 브랜드의 경우 적립금 사용이 제한될 수 있습니다.

<사용 안내>
- 본 할인권은 동대문 본점에서 출국 당 1인 1회 사용 가능합니다.
- 본 할인권은 일부 브랜드 및 30% 이상 할인 제품은 제외될 수 있습니다.
- 본 할인권은 내국인(한국인) 전용으로 타 할인 쿠폰과 중복 할인되지 않습니다.
- 본 할인권의 사용 잔액은 환불되지 않으며 반품 시 재발급되지 않습니다.
- 본 할인권은 당사 사정에 따라 사용이 제한, 변경될 수 있습니다.

주소 서울특별시 중구 장충단로 275 두산타워 7F~13F
영업시간 AM10:30~PM11:00(연중 무휴) **대표 번호** 1833-8800
홈페이지 www.dootadutyfree.com

<사용 안내>
- 본 할인권은 동대문 본점에서 출국 당 1인 1회 사용 가능합니다.
- 본 할인권은 일부 브랜드 및 30% 이상 할인 제품은 제외될 수 있습니다.
- 본 할인권은 내국인(한국인) 전용으로 타 할인 쿠폰과 중복 할인되지 않습니다.
- 본 할인권의 사용 잔액은 환불되지 않으며 반품 시 재발급되지 않습니다.
- 본 할인권은 당사 사정에 따라 사용이 제한, 변경될 수 있습니다.

주소 서울특별시 중구 장충단로 275 두산타워 7F~13F
영업시간 AM10:30~PM11:00(연중 무휴) **대표 번호** 1833-8800
홈페이지 www.dootadutyfree.com

<사용 안내>
- 교환하신 바우처는 일부 식음 매장에서는 사용이 제한될 수 있습니다.
- 멤버십 회원을 대상으로 제공합니다(비회원의 경우, 신규 가입 필요).

두타몰 주소 서울특별시 중구 장충단로 275 두산타워 1F~6F
두타몰 영업시간 AM10:30~AM05:00(월~토), AM10:30~AM00:00(일)
대표 번호 02-3398-3115

<사용 안내>
- 신규 회원 가입 시 3,000 포인트는 즉시 사용 가능합니다,
  마케팅 활용 동의 2,000 포인트는 익일부터 사용 가능합니다.
- 결제 시 일부 매장 및 상품의 경우, 포인트 적립 및 사용이 제외될 수 있습니다.

두타몰 주소 서울특별시 중구 장충단로 275 두산타워 1F~6F
두타몰 영업시간 AM10:30~AM05:00(월~토), AM10:30~AM00:00(일)
대표 번호 02-3398-3115

<사용 시 유의사항>
- 일부 요금은 적용이 불가능할 수 있습니다.
- 다른 쿠폰과 중복 사용이 불가능합니다.
- 호텔패스 포인트와 함께 사용하실 수 있습니다.

Coupon
두근두근 여행
다이어리 북 시리즈에서
준비한 특별 여행선물

YOLO PROJECT
두근두근 **여행 다이어리 북**

×

해외 렌터카 예약 시 10% 할인

CDP NO 2138455

유효 기간 2018년 12월 31일

<사용방법>
- Hertz 홈페이지 > 예약 > CDP 번호 입력 > 10% 할인
- Hertz 해외 예약센터 > 예약 > CDP 적용 요청 > 10% 할인

<사용 시 유의사항>
- 본 CDP 번호의 예약기간 및 차량 픽업 기간은 2018년 12월 31일까지이며, 사전 예약 시 적용되는 할인요금에 추가로 할인이 적용됩니다.
- 예약은 출국 24시간 이전까지 완료되어야 합니다.
(아시아 지역은 48시간 이전)
- 일부 국가, 영업소, 차량에 대해 할인 적용이 제한될 수 있습니다.
- Hertz의 기본 임차 자격 및 이용규정과 지역별 임차 기간 및 반납 규정, 예약 요금제별 규정이 적용됩니다.

<Hertz 예약>
- 온라인 예약: www.hertz.co.kr
- 해외 예약센터: 1600-2288
(영업시간: 월-금 09:00-18:00 / 주말 공휴일 휴무)

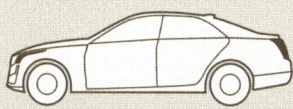

★ 허츠 골드회원 혜택 ★

허츠 홈페이지를 통해 회원 가입을 하면, 허츠에서 제공하는 다양한 회원 혜택을 받을 수 있다.(회원 가입 무료)

① 골드회원 전용 할인 혜택
회원 등록 시 기입된 이메일을 통해 특별 할인정보를 제공한다. 또한 사이트 로그인 시, 비회원이 볼 수 없는 [회원전용] 프로모션 혜택도 받을 수 있으며 기본 프로모션 때도 비회원보다 높은 할인율을 제공받을 수 있다. 배우자 추가 운전자 등록 무료, 아동용 카시트 요금할인 혜택도 제공된다.

② 신속한 임차 서비스
임차 계약서 작성 등의 과정 없이 회원전용구역에서 바로 차량 픽업이 가능한 혜택이다. 예약시간에 맞춰 영업소에 방문하여 사무실 앞 전광판에서 본인 이름과 차량이 대기되어 있는 주차장 번호를 확인하면 완료. 전광판이 없는 영업소는 Gold Booth 또는 Gold Counter에서 수속하면 된다.

③ 골드 초이스
내가 예약한 차량 등급 내에서 선호하는 차량을 직접 선택할 수 있다. 미국 및 유럽의 주요 공항에서 서비스 이용이 가능하다.

④ 얼티메이트 초이스를 이용한 업그레이드 혜택!
하루 당 35$ 추가 요금으로 Premium Upgrade 구역에 있는 Hertz Collection의 최고급 차량(인피니티 Q50, 아우디 A3, 벤츠 CLA250)으로 업그레이드가 가능하다. Platinum 또는 President's Circle 회원은 25$로 이용 가능하며, President's Circle 회원은 Compact 차량 예약 시 Midsize로 무료 업그레이드 또한 가능하다. 현재 미국 주요 영업소에서 이용할 수 있으며, 점차 확대할 예정이다.
#개이득 #올해_론칭한_서비스!

⑤ 포인트 프로그램
전 세계 150여 나라, 9,700개의 영업소를 운영하고 있기 때문에 어디를 여행해도 허츠를 이용할 수 있다. 이때 회원 포인트를 적립하고, 적립된 포인트를 이용하여 무료 임차 서비스를 받을 수 있다. 단, 포인트 적립이 가능한 영업소여야 한다.

⑥ 회원 등급 프로그램 서비스
회원 등급이 높아지면 높아질수록 포인트 적립, 차량 업그레이드 등 다양한 혜택이 증가된다.

YOU ONLY LIVE ONCE
YOLO PROJECT!

여행을 완성하는 아주 특별한 방법,
21세기북스의
두근두근 여행 다이어리 북 시리즈

01. 홍콩

02. 뉴욕

03. 오사카&교토

04. 런던

05. 이탈리아

06. 호주

KI신서 7278

LON-
DON
두근두근 **런던**

1판 1쇄 인쇄 2018년 1월 10일
1판 1쇄 발행 2018년 1월 22일

펴낸이 김영곤
펴낸곳 (주)북이십일 21세기북스

실용출판팀장 김수연
책임편집 이보람
진행 김유정
사진 김유정
디자인 elephantswimming
출판영업팀 이경희 이은혜 권오권
출판마케팅팀 김홍선 배상현 신혜진 김선영 나은경
홍보팀 이혜연 최수아 김미임 박혜림 문소라 전효은 염진아 김선아
제휴팀장 류승은
제작팀장 이영민

출판등록 2000년 5월 6일 제406-2003-061호
주소 (10881) 경기도 파주시 회동길 201 (문발동)
대표전화 031-955-2100 **팩스** 031-955-2151 **이메일** book21@book21.co.kr

(주)북이십일 경계를 허무는 콘텐츠 리더

21세기북스 채널에서 도서 정보와 다양한 영상자료, 이벤트를 만나세요!
장강명, 요조가 진행하는 팟캐스트 말랑한 책수다 <책, 이게 뭐라고>
페이스북 facebook.com/21cbooks 블로그 b.book21.com
인스타그램 instagram.com/21cbooks 홈페이지 www.book21.com

ⓒ 북이십일 21세기북스

ISBN 978-89-509-7325-4 13980

· 이 책 내용의 일부 또는 전부를 재사용하려면 반드시 (주)북이십일의 동의를 얻어야 합니다.
· 잘못 만들어진 책은 구입하신 서점에서 교환해드립니다.